Das Buch vom Ballett

Annabel Thomas

Inhalt

- 2 Was ist Ballett?
- 4 Der Anfang
- 6 Positionen und Bewegungen
- 8 Im Ballettunterricht
- 10 Wie entsteht ein Ballett?
- 12 Wie kann man Schritte aufzeichnen?
- 14 Wie funktioniert eine Ballettkompanie?
- 16 Die Aufführung
- 18 Kostüme und Make-up
- 20 Besuch einer Aufführung
- 22 Ballett als Beruf
- 24 In der Ballettschule
- 26 An der Barre
- 30 Übungen im Raum
- 34 Sprünge und Sprungschritte
- 36 Ein einfacher Tanz
- 38 Schritte für zwei
- 39 Spitzentanz
- 40 Berühmte Choreographen
- 42 Bedeutende Ballette
- 44 Berühmte Tänzerinnen und Tänzer
- 46 Kleines Ballett-Lexikon

ars edition

Was ist Ballett?

Ballett ist die Kunst, eine Geschichte statt mit Worten mit Musik und Tanz zu erzählen. Der Tanz ist so alt wie die Menschheit. Die Bewegungsabläufe der Ballettkunst hingegen sind erst im Lauf der letzten Jahrhunderte entstanden, und unser Buch beschäftigt sich hauptsächlich damit. Rechts siehst du einige Tanzstile, die das Ballett beeinflußt haben.

Bühnentänzer müssen voll durchtrainiert sein. Aber es gibt auch viele Menschen, die Ballettanz zum Vergnügen lernen. Sie lernen, sich schön und elegant zu bewegen, ihren Körper zu beherrschen, und sie fühlen sich fit.

Ballett wird fast überall auf der Welt getanzt, in den USA ebenso wie in Europa, Japan oder Südamerika.

Englischer Hoftanz im 16. Jh.

Klassisches Ballett

Gesellschaftstanz im 19. Jh.

Ballett-Stile

Zu den frühen Werken der Ballettkunst gehören zum Beispiel »Giselle« oder »La Sylphide«, die in der ersten Hälfte des 19. Jahrhunderts entstanden. In dieser Zeit — sie wird Romantik genannt — hatten Kunst, Musik und Tanz große Bedeutung, ebenso die Welt des Übersinnlichen und der Magie. Die Frauen wurden mit Vorliebe als zart und passiv dargestellt. Dieser Stil wird romantisches Ballett genannt.

Ballettkunst in höchster Vollendung zeigen Werke wie »Schwanensee«, »Der Nußknacker« oder »Dornröschen«. Hauptziel in diesen klassischen Balletten im engeren Sinn war, die ganze Breite tänzerischen Könnens darzustellen.

Deshalb wurden komplizierte Schritt-, Sprung- und Drehfolgen in den Handlungsablauf eingebaut.

Im 20. Jahrhundert entwickelte sich das moderne Ballett, oft auch Modern Dance, Ausdruckstanz oder Freier Tanz genannt. Nicht immer wird eine »Geschichte« erzählt. Wichtiger sind Gefühl und Atmosphäre sowie die Wirkung auf das Publikum.

Sowohl das romantische wie auch das klassische und moderne Ballett beruhen auf den festgelegten Schritttechniken.

Hoftanz im 15. und 16. Jh.

Volkstanz

Geschichte

Die Wurzeln der Ballettkunst reichen rund 500 Jahre zurück. Ausgehend von den italienischen Höfen, verbreitete sich der Hoftanz bald nach Frankreich. Zu den Darbietungen gehörte nicht nur Tanz, sondern auch Gesang und das Vortragen von Gedichten.

Als erstes Ballett, in dem Musik, Tanz und Schauspiel vereint waren, gilt das »Ballet comique de la Reine«, das 1581 am französischen Königshof aufgeführt wurde.

Beauchamps

Der französische König Ludwig XIV. ließ 1661 die erste Ballettschule gründen. Der Tanzmeister Pierre Beauchamps entwickelte fünf Fuß-Stellungen (Positionen), die bis heute die Grundlage aller Ballettschritte bilden.*

Andere Schrittfolgen wurden von den Hof- und den Volkstänzen übernommen. Schausteller und Zirkusartisten sowie die Darsteller der italienischen Commedia dell'arte steuerten zudem akrobatische Elemente bei.

Alle Frauenrollen wurden zu Beginn von verkleideten Männern dar-

Hoftänzer

gestellt. Erst 1681 erreichten die Frauen, daß auch sie öffentlich auftreten durften. Noch lange Zeit mußten sie aber Kleider tragen, die sie in den Bewegungen behinderten.

Eine aufsehenerregende Neuerung führte Marie Camargo um 1720 ein: Sie wagte es, ihr Kleid so kurz zu machen, daß man die Knöchel sah! Dadurch konnte sie viel besser tanzen.

Knöchelfreies Kleid

Über dieses Buch

Wenn du Ballett tanzen lernen willst, aber auch wenn du Ballettaufführungen besuchen möchtest, wird dieses Buch dir viel erklären. Nachfolgend einige Hinweise:

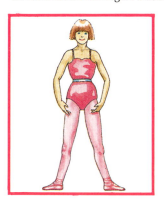

Du erfährst, wie es in einer Ballettschule zugeht. Außerdem findest du genaue Anweisungen, nach denen du einige Grundschritte selbst lernen und üben kannst. Am Schluß werden eine Menge wichtiger Ausdrücke erklärt.

Du erfährst, was hinter den Kulissen eines Ballett-Theaters geschieht. Dazu gehören auch Kostüme, Perücken und natürlich das Make-up der Tänzerinnen und Tänzer.

Du erfährst, was Choreographen sind, wie sie Musik, Tanz und Schauspielkunst für die Ballettaufführung kombinieren und wie sie die Schritte für die Tänzerinnen und Tänzer aufschreiben.

Du erfährst, wo du im Theater am besten sitzt und worauf du achten mußt, um von einer Aufführung soviel wie möglich mitzubekommen. Auch der Inhalt der wichtigsten Ballette ist kurz angegeben.

* Die fünf Positionen findest du auf Seite 6.

Der Anfang

Mit dem Ballettunterricht kannst du in jedem Alter anfangen, doch je jünger du bist, desto leichter gewöhnt sich der Körper an die Anforderungen. Bereits Dreijährige können einfache Übungen mitmachen; mit sieben kann man den richtigen Unterricht aufnehmen.

Der Unterricht findet in privaten oder von der Gemeinde organisierten Ballettschulen oder Sportzentren statt. Es ist wichtig, daß die Lehrerin oder der Lehrer qualifiziert ist und von Anfang an die richtige Technik vermitteln kann.

Was zieht man an?

Beim Ballettunterricht werden mehrere Kleidungsstücke übereinander getragen. Nach dem Aufwärmen kannst du dann einige ausziehen. Die Anzüge liegen eng an, damit man deutlich sehen kann, welche Linien und Formen der Körper bildet.

Mädchen tragen meist ein Leotard und eine rosa Strumpfhose, die ihnen volle Bewegungsfreiheit lassen, zu Beginn des Unterrichts zudem oft Beinwärmer und eine Wickelweste, die vorn übereinandergelegt und hinten zugebunden wird.

Jungen tragen eine schwarze Strumpfhose mit weißen Socken, dazu ein weißes T-Shirt. Während des Aufwärmens empfiehlt sich außerdem ein Trainingsanzug.

Wickelweste — Mädchen unter zwölf tragen meist weiße Socken anstelle der Strumpfhose.

Strumpfhose

T-Shirt

Haarband

Beinwärmer

Ballettschuhe

Leotards

Keinen Schmuck tragen, da man sich selbst oder andere verletzen kann. Außerdem lenken Glitzerdinge den Betrachter ab.

Nicht vergessen, die durchgeschwitzten Kleidungsstücke, die du während des Unterrichts getragen hast, auszuwaschen.

Was tun mit den Haaren?

Das Haar darf nicht ins Gesicht fallen oder den Hals zu sehr erhitzen. Mädchen mit langem Haar stecken es darum zu einem Dutt hoch und schlingen ein Haarnetz darum. Man kann ganz langes Haar auch um den Kopf herumflechten. Ein Haarband verhindert auch bei kurzem Haar, daß Strähnen vorfallen. Aus diesem Grund tragen Jungen während des Unterrichts ein Stirnband. Auf diese Weise ist das Gesicht stets ganz zu sehen, und die Halslinie wird schön langgezogen.

Was soll man kaufen?

Spezielle Ballettkleidung brauchst du erst, wenn du eine Ballettschule besucht und festgestellt hast, daß du Spaß daran hast und weitermachen willst. Die meisten Ballettlehrer haben nichts dagegen, wenn du anfangs barfuß tanzt und einen Trainings- oder Badeanzug trägst.

Meist weiß der Ballettlehrer, wo Ballettkleidung günstig zu bekommen ist. Fast alle großen Kaufhäuser führen Leotards, Strumpfhosen und Trainingsanzüge, und in vielen Schuhgeschäften sind auch Ballettschuhe erhältlich.

Die Ballettschuhe

Jungen tragen weiche, durch ein Gummiband gehaltene Lederschuhe. Die Schuhe für Mädchen sind aus Leder oder Satin. Sie werden durch ein Gummiband oder durch Bänder gehalten, die um das Fußgelenk geschnürt werden.

Mädchen brauchen erst dann an den Zehen verstärkte, sogenannte Spitzenschuhe, wenn ihre Füße und Beine für den Spitzentanz kräftig genug sind.

Bänder

Die Pflege der Schuhe

Da Ballettschuhe handgearbeitet und deshalb recht teuer sind, solltest du sie nur während des Unterrichts tragen.

Die Bänder reinigt man mit einer Nagelbürste, Wasser und Seife. Die Schuhe dürfen dabei nicht naß werden.

Das Annähen der Bänder

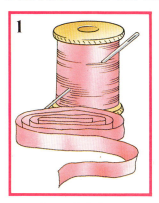
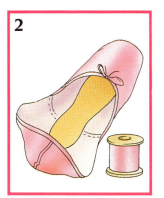
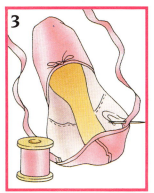
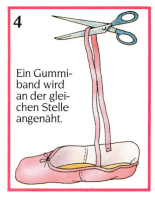

1 Für jeden Schuh benötigst du ein Satinband mit aufgerauhter Unterseite, das etwa 1 cm breit und 1 m lang ist.

2 Das Fersenstück wird an der Nahtstelle zwischen Sohle und Ferse nach vorn gelegt: Es entstehen zwei Knickstellen.

3 Dann wird das Band von innen an den Knickstellen am Schuh fest angenäht.

4 Ein Gummiband wird an der gleichen Stelle angenäht. Erst jetzt schneidest du die Bandschleife in der Mitte durch, so daß die Bänder auf beiden Seiten gleich lang sind.

Das Schnüren der Bänder

Beim Schnüren sollte der Fuß flach auf dem Boden stehen.

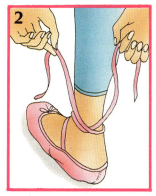
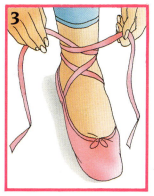
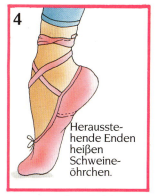

1 Beide Bänder werden vorn überkreuzt und hinter die Knöchel geführt.

2 Hinten werden sie erneut übereinandergelegt und dann wieder nach vorn geführt.

3 Vorn werden sie etwas oberhalb der ersten Kreuzstelle wieder übereinandergelegt.

4 Herausstehende Enden heißen Schweineöhrchen. Zuletzt machst du hinten einen Doppelknoten und steckst die losen Enden sorgfältig darunter.

Positionen und Bewegungen

Auf den folgenden beiden Seiten stehen Dinge, die du wissen mußt, bevor du die ersten Schritte lernst: die fünf Positionen der Füße und die sieben Bewegungen, die Grundlage aller Ballettschritte sind.

Die meisten Ballettschritte haben französische Bezeichnungen, da viele davon in der vom französischen König Ludwig XIV. gegründeten Tanzakademie eingeführt wurden.

Die fünf Positionen der Füße

Fast jeder Ballettschritt beginnt und endet mit einer der fünf Positionen. Sie wurden von Pierre Beauchamps, dem Ballettmeister Ludwigs XIV., so festgelegt, daß das Körpergewicht in jeder Haltung stets ausbalanciert ist.

Anfangs benutzt man nur die erste, zweite und dritte Position. Später lernt man die fünfte und gebraucht die dritte nur noch selten. Es gibt zwei vierte Positionen, eine offene und eine gekreuzte; anfangs benutzt man meist die offene.

1. Position (en première)
Fersen aneinanderstellen, Füße und Beine auswärts drehen.

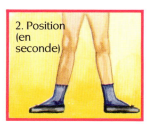
2. Position (en seconde)
Füße etwa eineinhalb Fußlängen auseinanderstellen und auswärts drehen.

3. Position (en troisième)
Ferse des einen Fußes an die Mitte des anderen setzen und beide Füße auswärts drehen.

Offene 4. Position (en quatrième ouverte)
Einen Fuß aus der 1. Position etwa 30 cm nach vorn stellen.

Gekreuzte 4. Position (en quatrième croisée)
Einen Fuß aus der 5. Position gerade nach vorn führen.

5. Position (en cinquième)
Beide Füße auswärts drehen, die Ferse des einen an die Zehen des anderen stellen.

Die Auswärtsdrehung

Beim Ballett müssen Füße und Beine von den Hüften her so gedreht werden, daß Zehen und Knie zur Seite zeigen. Diese Auswärtsdrehung oder Dehors genannte Haltung beherrscht man erst nach Jahren perfekt.

Die Auswärtsdrehung ist erst seit der Zeit Ludwigs XIV. üblich. Sie machte die Waden und die eleganten Schuhe der Tänzer zum Blickfang. Heute ist sie wesentlicher Bestandteil des klassischen Balletts.

Die Auswärtsdrehung ermöglicht ein Höherführen der Beine. Nur so ist der perfekte Bewegungsablauf im Ballett möglich, denn ohne Auswärtsdrehung blockieren die Hüftgelenke ab einer bestimmten Höhe.

Die sieben Bewegungsarten

Jeder Ballettschritt beruht auf einer der sieben klassischen Bewegungsarten des Tanzes. Es sind natürliche Körperbewegungen. Nachfolgend die französischen und deutschen Bezeichnungen.

Plier – beugen
Glisser – gleiten
Tourner – drehen
Etendre – strecken
Sauter – springen
Relever – erheben
Elancer – schnellen

Diese Wörter werden nicht immer in der obigen Form verwendet. So bedeutet zum Beispiel »tendu« oder »tendue« gestreckt.

Die Bedeutung französischer Wörter findest du auch auf S. 46 bis 48.

Wie setzt du die Bewegungen ein?

Hier folgen nun vier Ballettschritte und die Bewegungsarten, die darin vorkommen. Wie du diese Schritte ausführst, wird auf den Seiten 30 bis 35 genau erklärt.

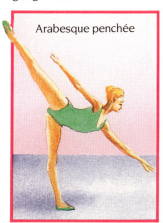

Die Arabesque penchée enthält Strecken und Erheben.

Beim Pas de chat (Katzenschritt) schnellt man hoch und springt wie eine Katze.

Die Glissade ist ein weicher Gleitschritt mit gebeugten Knien.

Die Pirouette ist ein rascher Drehschritt auf einem Bein; das andere ist gebeugt und gehoben.

Klassische Ballettechniken

Im klassischen Ballett gibt es verschiedene pädagogische Systeme, nach denen man unterrichtet werden kann, darunter das der Royal Academy of Dancing (R.A.D.), die Waganowa- und die Cecchetti-Methode.

Die Fuß-Positionen und Grundbewegungen sind in allen Systemen gleich, doch die Schrittkombinationen sowie manche Armpositionen weichen ein wenig voneinander ab.

Im Ballettunterricht

Anfangs solltest du ein bis zwei Lektionen in der Woche nehmen. Je regelmäßiger die Teilnahme, desto besser wird die Technik. Berufstänzer müssen jeden Tag trainieren und außerdem proben. Nur so können sie in Hochform bleiben und sich noch stetig verbessern.

Auf dem Bild unten siehst du ein Ballettstudio. Ganz unten auf der Seite steht, was dich dort erwartet. Auf der folgenden Seite sind verschiedene Schritte dargestellt, die du lernen wirst.

Eine Holzstange, Barre genannt, verläuft in Hüfthöhe an der Wand. Daran hält man sich bei vielen Übungen fest. Manchmal sind auch zwei Stangen in unterschiedlicher Höhe vorhanden, weil ja nicht alle Schüler gleich groß sind.

Die Wand ist mit Spiegeln ausgekleidet, damit man sich beim Tanzen beobachten und Fehler berichtigen kann.

In dieser Schale ist Kolophonium, ein Produkt aus Fichtenharz. Es bleibt an den Sohlen haften und verhindert das Ausrutschen.

Im Umkleideraum kannst du dich umziehen und die Straßenkleidung während der Ballettstunde hängenlassen.

Meist werden die Übungen am Klavier begleitet. So lernst du sie im richtigen Tempo auszuführen und kannst gleichzeitig dein rhythmisches Gefühl schulen. Ist kein Klavier vorhanden, benutzt man ein Tonband. Die meisten Ballettlehrer ziehen aber Klavierbegleiter vor, da sie das Tempo der Musik den Übungen anpassen und ohne Zeitverlust abbrechen und wieder einsetzen können.

Ein gutes Ballettstudio hat einen Fußboden aus Holz oder Vinyl. Der Boden federt, gibt also bei den Sprüngen etwas nach.

Der Ablauf des Unterrichts

Die Lektionen sind auf jeder Stufe ähnlich aufgebaut. Man beginnt an der Stange und fährt mit Übungen im freien Raum fort (siehe nächste Seite). Am Ende stehen Sprünge, Drehungen und Sprungschritte.

Im Anfängerkurs steht die unterrichtende Person so, daß sie von allen gesehen werden kann. Sie macht jeden Schritt vor und geht dann durch die Klasse, um bei jedem einzelnen die Bewegungen zu verbessern.

Das Aufwärmen an der Barre

Der Unterricht beginnt mit leichten Übungen. Sie dienen dem Aufwärmen, dem Dehnen der Muskeln und der Vorbereitung für anspruchsvollere Bewegungen. So verringert sich das Verletzungsrisiko.

Zuerst wärmt man sich mit Pliés (Kniebeugen) auf. Wie man sie ausführt, findest du auf Seite 26/27. Dann folgen anstrengendere Übungen für Füße, Knöchel, Knie und das ganze Bein.

Die Barre dient als Halt, so daß man sich auf das harmonische Zusammenspiel der Körperteile und die Balance konzentrieren kann. Dabei stellt man sich eine senkrecht durch den Körper verlaufende Linie (Körperachse) vor, die zwischen den Füßen endet; dazu eine weitere Linie horizontal, so daß beide Hüften sich auf gleicher Höhe befinden.

Übungen im freien Raum

Diese Übungen finden in der Mitte des Raumes statt. Hier lernt man auch die richtige Armhaltung, das Port de bras.

Außerdem werden einige der an der Barre durchgeführten Fuß- und Beinübungen wiederholt, um Muskeln und Kraft zu entwickeln.

Dann folgen Bewegungen, die mehr Kraft erfordern, etwa das langsame Heben eines Beins (siehe Seite 30/31).

Sprünge, Drehungen, Sprungschritte

Den Schlußteil des Unterrichts bilden Petit Allegro und Grand Allegro. Allegro* ist italienisch und bedeutet schnell. Petit und grand heißt auf französisch klein und groß.

Petit allegro sind kleine Hüpf- und Drehschritte; Grand allegro hohe Sprünge und Sprungschritte. Mehr darüber auf den Seiten 32 bis 34.

Richtiges Stehen

Das erfordert eine Menge Übung. Stirn und Kinn müssen eine Linie bilden. Entspannt herabhängende Schultern verlängern die Nackenlinie.

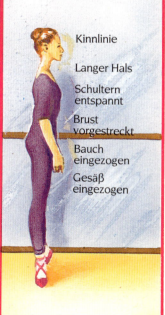

- Kinnlinie
- Langer Hals
- Schultern entspannt
- Brust vorgestreckt
- Bauch eingezogen
- Gesäß eingezogen

Bauch und Gesäß müssen eingezogen werden. Das Gewicht ruht auf den Fußballen; die Fersen berühren zwar den Boden, sind aber kaum belastet.

* Allegro ist ein musikalischer Begriff. Diese sind fast durchweg italienisch.

Wie entsteht ein Ballett?

Die Kunst, ein Ballett zu entwerfen, heißt Choreographie. Der Choreograph entwirft ein neues Ballett oder gestaltet ein bereits bestehendes neu.

Für die Tänzer ist ein neues Ballett eine Herausforderung, für das Publikum ein mit Spannung erwartetes Ereignis.

Ein Ballett erzählt entweder eine Geschichte oder soll bestimmte Stimmungen erzeugen. Heute haben Ballette auch die tänzerische Bewegung selbst zum Thema.

Die Idee für ein neues Ballett kann einem Gedicht, Musikstück, Schauspiel, Gemälde, einer Geschichte oder auch der Phantasie eines Tänzers entspringen. Viele Tänzer haben Choreographen angeregt, und manchmal werden Choreographien auf ganz bestimmte Tänzerinnen oder Tänzer ausgerichtet.

Wie Choreographen arbeiten

Choreographen sind meist ausgebildete Tänzer, denen die Schritte aus eigener Erfahrung geläufig sind. Bevor ein Schritt ausgedacht wird, studieren sie die Musik für ein neues Ballett gründlich.

Sie überlegen sich zuerst in großen Zügen, mit welchen Schritten sie welche Ziele erreichen wollen. Dann arbeiten sie mit den Tänzern die günstigsten Schrittfolgen aus.

Sie proben ein Ballett nur selten ganz durch. Sie üben zunächst mit einem oder zwei Tänzern bestimmte Teile ein, dann die Tänze für kleine und zum Schluß die für große Gruppen.

Die meisten Kompanien haben einen festen Ballettmeister. Er schaut dem Choreographen bei der Arbeit zu und lernt so die Schritte eines neuen Balletts kennen. Diese übt er dann mit den Tänzern ein.

Beim Choreographieren eines Balletts werden die Schritte in einer Art Kurzschrift (Notation) aufgezeichnet. Mehr über die Ballettnotation auf den Seiten 12/13.

Bühnenbild, Ausstattung und Kostüme müssen mit dem Stil eines Balletts und den Absichten des Choreographen harmonieren. Der Choreograph bespricht dies mit den entsprechenden Leuten.

Die Ballettmusik

Nicht selten arbeitet ein Choreograph mit einem Komponisten zusammen an einem neuen Ballett. So erstellte der Choreograph Wayne Eagling mit dem Pop-Komponisten Vangelis die Musik für »Frankenstein« am Synthesizer.

Oft entdeckt ein Choreograph aber auch ein Musikstück, das ihn oder sie anregt. George Balanchine entwarf sein Ballett »Violin Concerto« nach dem Violinkonzert von Igor Strawinsky.

Manchmal werden Musikstücke auch speziell für neue Ballette bearbeitet. Der Komponist Branwell Tovey bearbeitete Ausschnitte mehrerer Werke Mussorgskys für David Bintleys Ballett »Schneekönigin« so, daß alle Schritte genau dazu paßten.

Wie werden die Schritte eingesetzt?

Ein Ballett ist einem Musikstück vergleichbar. Schrittfolgen werden genauso wiederholt und abgewandelt wie Melodien in einem Musikstück. Ein Schritt kann zuerst einzeln, dann mit einem Partner getanzt oder wiederholt werden und je nachdem ganz verschiedene Gefühle zum Ausdruck bringen.

Erste Arabesque en pointe

Erste Arabesque demi-plié

Zweite Arabesque

Eine erste Arabesque en pointe kann den Eindruck von Kraft und Vitalität erwecken, so beim schwarzen Schwan in »Schwanensee«. Der gleiche Schritt mit einem Plié und auf der Fußsohle wie in »Giselle« wirkt viel sanfter.

Die Veränderung der Armhaltung und das Strecken der Knie erzeugen wieder eine andere Stimmung. Dabei entsteht eine Körperlinie, die Eleganz oder Sehnsucht ausdrückt.

Ein Grand Jeté ist ein hochdramatischer Sprung mit gestreckten Beinen. Er kann zum Beipiel Kraft, Freude und Überschwang ausdrücken. In »Coppélia« springt Swanhilda mit hoch über den Kopf erhobenen Armen.

Wie kann man Schritte aufzeichnen?

Die schriftliche Aufzeichnung eines Balletts oder Tanzes heißt Choreologie oder auch Notation. Bevor sie zu Beginn unseres Jahrhunderts entwickelt wurde, blieben Ballette nur erhalten, wenn sie ständig wieder aufgeführt wurden. Wenn jemand versuchte, die Schritte schriftlich festzuhalten, waren solche Aufzeichnungen jeweils nur ihm selbst verständlich. So sind viele Ballette von früher verlorengegangen. Heute zeichnen die meisten Kompanien ihre Ballette auf, katalogisieren sie und bewahren sie auf. So kann ein Ballett von jeder Kompanie der Welt wieder aufgeführt werden.

Die Notation

Es gibt weltweit zwei anerkannte Notationen.

Die eine ist die nach ihrem Erfinder Rudolf von Laban benannte Labanotation.

Die andere ist die Benesh-Notation, benannt nach ihren Erfindern Rudolf und Joan Benesh.

Beide Notationen können jede Bewegung und jede Position des Körpers festhalten und so ganze Ballette exakt aufzeichnen.

Die Benesh-Notation

Die Benesh-Notation entstand in den vierziger Jahren. Rudolf Benesh und die Tänzerin Joan Benesh entwickelten die Tanzschrift aus dem Wunsch heraus, Bewegung verbindlich festzuhalten.

Heute lernen Ballettschüler die Benesh-Notation während ihrer Ausbildung. Auf der folgenden Seite findest du einige Beispiele.

Die Labanotation

Laban entwickelte seine Tanzschrift, um einen Tanzstil aufzeichnen zu können, der sich ab 1910 entwickelte. Sie wird vor allem für zeitgenössische Tänze verwendet.

Was ist ein Choreologe?

Choreologen halten Ballette schriftlich fest. Sie sind ausgebildete Tänzer. Während der Proben zeichnen sie neue Ballette auf, oder sie bearbeiten alte für spätere Aufführungen. Manchmal nehmen sie erste Einstudierungen alter Ballette vor, die wieder aufgeführt werden: Sie lesen die Aufzeichnungen und zeigen den Tänzern die Schritte.

Mit Hilfe von Video

Heute machen Ballettkompanien Aufzeichnungen mit Video, die den Choreologen bei der Arbeit helfen. Während die Notation die Schritte eines Balletts festhält, zeichnet die Videokamera eine bestimmte Interpretation davon auf. Anhand von Videoaufzeichnungen lernen Tänzer auch oft ihre Rollen.

Tanzen nach der Benesh-Notation

Wie Musiknoten werden die Benesh-Zeichen auf fünf parallele Linien geschrieben. Sie können auf Notenpapier unter die Musik gesetzt werden, so daß Noten und Bewegungen zusammen gelesen werden können.

Die Positionen werden durch Striche und andere Zeichen in ein imaginäres Quadrat auf Linien gesetzt. Jede Linie steht für einen bestimmten Körperteil. Die Zeichen markieren die exakte Stellung von Händen und Füßen.

Die Zeichen beziehen sich auf den Körper von hinten: Zeichen links stehen also für die linke Körperhälfte.

Die Grundzeichen

— Seitlich vom Körper
| Vor dem Körper
● Hinter dem Körper

Die Zeichen (siehe oben) zeigen an, ob Hände und Füße vor, hinter oder auf gleicher Linie mit dem Körper liegen.
Um die 4. Position der

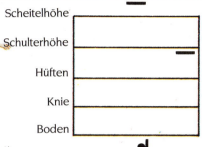

Füße (wie abgebildet) darzustellen, setzt man für den rechten Fuß (vorn) einen senkrechten Strich und für den linken einen Punkt. Die Striche über dem Kopf und unter der Schulterlinie beziehen sich auf die Hände.

Die Füße

Sollen die Füße flach auf dem Boden stehen, befinden sich die Zeichen unter der Grundlinie. Für Spitzentanz (en pointe) liegen sie über der Grundlinie, für Füße auf Zehenspitze (demi-pointe) auf der Grundlinie. Sollen die Füße nebeneinander stehen, wird ein langer Querstrich gesetzt.

Beugen

╋ Seitlich vom Körper
✝ Vor dem Körper
✕ Hinter dem Körper

Kreuz bedeutet gebeugtes Knie. Drei unterschiedliche Kreuze zeigen an, ob sich das Knie vor, hinter dem oder seitlich vom Körper befindet.

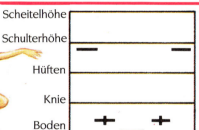

Hier siehst du ein Grand-plié in der I. Position. Der Schritt wird dargestellt durch einen Querstrich auf der Grundlinie (Füße zusammen en demi-pointe), Kreuze für die Knie und weitere Querstriche für die Position der Hände.

Die Arme

Der leichte Armbogen wird nicht besonders, ein stark gebeugter Arm aber wie ein gebeugtes Knie durch ein Kreuz notiert. Die Position des Ellbogens im Verhältnis zum Rumpf bestimmt die Art des Kreuzes.

Bewegungsablauf

Choreologen müssen oft schnelle Bewegungsabläufe aufzeichnen. Anstatt das Heben eines Beines durch mehrere Querstriche auszudrücken, zeichnen sie die Bewegung des Beines mit einer durchgehenden Linie nach.

Die Abbildung zeigt, wie die Grand battement à la seconde benannte Figur durch eine Linie wiedergegeben wird.

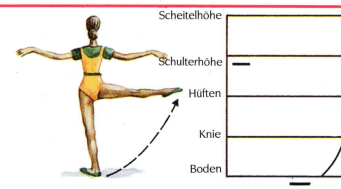

Wie funktioniert eine Ballettkompanie?

Die folgenden zwei Seiten zeigen dir, wie eine Ballettkompanie aufgebaut ist und wie die Karriere von Tänzerinnen und Tänzern verläuft. Zu Beginn ihrer Laufbahn tanzen sie meist in Gruppen. Zeigt jemand besonderes Talent, darf sie oder er kleine Solopartien übernehmen. Nur wenige sind so gut, daß sie Hauptrollen tanzen können.

Das Corps de ballet

Das Corps de ballet ist eine Gruppe von Tänzern, die zusammen auftreten. In Balletten mit einer Handlung tanzen sie als Feen, Schwäne, Dorfbewohner, Höflinge usw. In modernen Balletten tanzen sie häufig in Ensembles, also einfach »zusammen«.

Halbsolisten

Sie werden auch Koryphäen genannt. Dieses griechische Wort bedeutet Chorführer. Im Ballett sind Koryphäen oder Halbsolisten die Vortänzerinnen und Vortänzer des Corps de ballet. Manchmal stellen sie auch eine bestimmte Figur dar oder übernehmen kleinere Rollen. Koryphäe zu werden kann der erste Schritt zu einer Solokarriere sein.

Solisten

Ein Solotänzer tanzt in einem Ballett allein (solo). Sie oder er tanzt meist wichtige Partien, aber nicht die Titelrolle. In »Dornröschen« tanzt die Fliederfee ein Solo, wenn sie zur Taufe von Prinzessin Aurora ein Geschenk bringt. In »Schwanensee« tanzt eine Solotänzerin den schwarzen Schwan. Nur wenige Tänzer werden Solisten.

Erste Tänzer

Sie sind es, die die Hauptrollen tanzen. In »Schwanensee« ist Prinz Siegfried die männliche und Odette, die als Schwan verkleidete Prinzessin, die weibliche Hauptrolle.

Erfahrene erste Tänzer, meist ältere Mitglieder der Truppe, übernehmen gewöhnlich Charakterrollen. Diese sind körperlich oft nicht so anstrengend, erfordern aber eine hohe Kunst der Darstellung. So werden etwa die Stiefschwestern in »Aschenbrödel« von älteren ersten Tänzern dargestellt.

Die erste Tänzerin wird auch Primaballerina genannt. Die männliche Entsprechung ist Premier danseur.

In »Dornröschen« stellen Koryphäen Märchenfiguren wie das Rotkäppchen und den Wolf dar.

Bewegungen sowie Standort jedes Mitglieds des Corps de ballet müssen stimmen, damit die Wirkung nicht zerstört wird.

Eine Tänzerin, die Solistin oder erste Tänzerin ist, kann den Titel Ballerina führen.

Es bedarf jahrelanger harter Arbeit, um Primaballerina oder erster Tänzer zu werden. Nur wer über außergewöhnliches Talent, eine bestechende Technik und hervorragende Konstitution verfügt, erreicht dieses Ziel.

Hinter den Kulissen

Im folgenden geht es um die Leute, die hinter den Kulissen mit den Tänzern zusammenarbeiten, und darum, was sie alles tun, damit die alltägliche Arbeit so reibungslos wie möglich vonstatten geht.

Der Ballettdirektor

Der Ballettdirektor entscheidet unter anderem, was aufgeführt wird und wer welche Rolle übernimmt. Er oder sie engagiert auch Choreographen und spürt neue Talente auf.

Ballettmeister und Physiotherapeuten

Die meisten Kompanien haben einen Ballettmeister, der die Ballette einstudiert und das Corps de ballet leitet. Auch der Repetitor studiert Ballette ein. Ein Lehrer erteilt täglich Gruppen- und Einzelunterricht.
Physiotherapeuten behandeln Verletzungen der Tänzer.

Garderobe

Die Garderobiere ist für die Kostüme der Tänzerinnen, der Garderobenmeister für die der Tänzer verantwortlich. Sie haben Helfer, die die Kostüme reparieren und waschen. Für die Perücken sorgt meist ein gelernter Friseur.

Orchester

Eine Ballettkompanie hat ein eigenes Orchester. Der Dirigent und die Musiker arbeiten unter einem verantwortlichen musikalischen Leiter. Der Dirigent probt mit dem Orchester und ist für dessen Leistung verantwortlich.

Technische Leitung

Der technische Leiter und der Inspizient koordinieren die gesamte Aufführung. Die Bühnenarbeiter sind ebenso für die Elektrizität wie für besondere Effekte und die Requisiten zuständig.

Öffentlichkeitsarbeit

Pressesprecher informieren die Presse über anstehende Aufführungen, und Werbefachleute kümmern sich um Plakate und Prospekte, die die Aufführungen ankündigen.*

Choreologen und Archivare

Die meisten Kompanien haben eine Choreologin oder einen Choereologen, die Ballette aufzeichnen und einüben. Im Archiv werden Fotos, Programme und Zeitungsartikel über die Kompanie gesammelt.

Verwaltung

Der administrative Direktor vertritt die Kompanie nach außen. Die Verwaltung für eine große Kompanie ist sehr aufwendig.
Eine Kompanie hat außerdem einen Impresario, der für Tourneen, Gastspiele und die Verträge der Mitglieder zuständig ist.

*Mehr über die Öffentlichkeitsarbeit auf Seite 17.

Die Aufführung

Ein Ballett zur Aufführung zu bringen, erfordert einen enormen Einsatz von vielen Menschen. Auf den folgenden Seiten erfährst du, wer alles daran beteiligt und was alles zu tun ist.

Tänzer proben ein Ballett

Die Tänzer

Die Proben für ein neues Ballett beginnen mindestens sechs Monate vor der Premiere. Ein bereits choreographiertes Ballett kann in wenigen Wochen auf die Bühne gebracht werden. Es gibt einen genauen Probenplan.

Jede Rolle wird von vier Tänzern eingeübt. Anstrengende Rollen wie die Prinzessin Aurora in »Dornröschen« können nicht jeden Abend von derselben Tänzerin getanzt werden. Fällt ein erster Tänzer aus, können oft Nachwuchstänzer debütieren.

Das Orchester

Das Orchester probt die Musik ohne Tänzer. Erst wenn diese ihre Schritte beherrschen, proben Orchester und Tänzer zusammen. Die Musiker müssen sich an die Tempiwechsel verschiedener Teile eines Balletts gewöhnen.

Bühne und Kostüme

Bühnenbild und Kostüme* sind für die Wirkung einer Ballettaufführung von besonderer Bedeutung. Sie werden von Bühnen- und Kostümbildnern in Absprache mit dem Choreographen entworfen.

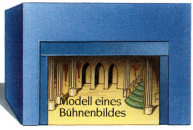

Modell eines Bühnenbildes

Als Hintergrund dient ein gemaltes Bild oder ein aus Holz gestalteter Bühnenaufbau. Es gibt richtige Fenster, und die Tänzer können durch Türen auf- und abtreten.

Damit man sich vorstellen kann, wie die Bühne aussieht, wird meist ein genaues Modell angefertigt.

Beleuchtung

Mit Scheinwerfern lassen sich Tageszeiten darstellen, aber auch verschiedene Stimmungen erzeugen. In »Petruschka« erzeugen blaue Lampen den Eindruck eines russischen Winters.

Die Scheinwerfer befinden sich über der Bühne im Schnürboden.

* Mehr über Kostüme auf Seite 18/19.

Öffentlichkeitsarbeit

Die Werbeleute kümmern sich um die Plakate. Sie werden vier bis fünf Wochen vor der Aufführung publikumswirksam ausgehängt. In Zeitungen und Zeitschriften erscheinen entsprechende Anzeigen, und für die Aufführung muß ein Programmheft zusammengestellt werden.

Letzte Proben

Die letzten zwei Wochen vor der Premiere proben die Tänzer auf der Bühne, um sich an ihre Abmessungen zu gewöhnen. Am Tag vor der Premiere ist die Generalprobe. Die Tänzer tragen ihre Kostüme und tanzen wie vor Publikum.

Was geschieht hinter den Kulissen?

Die Besetzung muß eine halbe Stunde vor Beginn der Aufführung hinter der Bühne sein. Zuerst wird das Make-up* aufgelegt, dann die Frisur zurechtgemacht oder die Perücke angepaßt. Schließlich hilft die Garderobiere beim Ankleiden. Die Schuhe ziehen die Tänzer zuletzt an. Sie kleben sie manchmal sogar zur Sicherheit an ihrer Strumpfhose fest, damit sie wirklich halten.

Auf der Bühne

Der Inspizient leitet die Aufführung von einem geeigneten Winkel aus.

Fünfzehn Minuten vor der Vorstellung beginnen die Musiker im Orchestergraben mit dem Stimmen der Instrumente. Wenn die Lichter ausgehen, beginnen sie zu spielen, und der Inspizient läßt den Vorhang hochziehen. Die Musik wird in die Garderoben übertragen, damit die Tänzer stets wissen, was auf der Bühne vorgeht.

Auf Tournee

Die meisten Ballettkompanien verbringen einen großen Teil des Jahres auf Tournee in ihrem eigenen Land oder im Ausland. Die Termine werden mindestens ein Jahr im voraus festgelegt.

Alles wird mitgeführt: Kostüme, Kulissen, Scheinwerfer und sogar das Büromaterial. Zur Besetzung des Balletts »La Fille mal gardée« gehört ein weißes Pony. Auch dieses begleitet mitsamt seinem Pfleger die Kompanie.

In großen Lastwagen wird alles verstaut. Die Kostüme und das Make-up der Mitwirkenden kommen in besondere Kisten.

Für eine dreimonatige Tournee werden für jede Tänzerin etwa 30 Paar Satin-Spitzenschuhe mitgenommen, für jeden Tänzer 18.

Das Garderobenpersonal führt Waschmaschine, Wäschetrockner und Nähzeug mit.

* Mehr darüber auf der nächsten Seite.

Kostüme und Make-up

Entwerfen und Anfertigen der Kostüme sind eine Kunst für sich. Kostüme müssen aber nicht nur zum Ballett passen, sondern auch volle Bewegungsfreiheit gewähren. Die Tänzer tragen bei den Proben oft alte Kostüme, um sich in ein Ballett einzustimmen. Frisur und Make-up unterstützen die Ausstrahlung besonderer Charakterrollen.

Verschiedene Kostüme

Drei verschiedene Arten von weiblichen Kostümen entsprechen den romantischen, klassischen und modernen Bewegungen im Ballett. Mode und soziale Veränderungen haben die Kostüme beeinflußt.

Die romantische Ballerina trägt ein feenhaftes, wadenlanges Kleid, gewöhnlich weiß, mit eingepaßtem Mieder und weiten Ärmeln. Feen haben häufig zusätzlich Flügel an den Schultern.

Das Tutu, ein kurzes Ballettkleid mit einem engen Mieder und mehreren Schichten bauschiger Rüschen, ist typisch für das klassische Ballett.

Viele moderne Ballette werden in einfachen schmucklosen Kleidern oder Tuniken getanzt. Frauen und Männer tragen aber auch eng anliegende Trikots in vielen Farben mit oft reicher Verzierung. Auch für das Haar gibt es keine strengen Regeln; es kann offen und natürlich oder auch kompliziert frisiert sein.

Tänzer tragen meist Strumpfhosen, damit das Publikum ihre Beine gut sehen kann. In einigen romantischen und klassischen Balletten sind sie, ihrer Rolle gemäß, wie Prinzen gekleidet. Im modernen Ballett tragen die Tänzer ganz unterschiedliche Kostüme, zum Teil sogar ganz normale Straßenkleidung.

Charakterkostüme

Viele Kostüme zeichnen einen bestimmten Charakter. In Balanchines Ballett »Der verlorene Sohn« trägt der Sohn (wie im biblischen Gleichnis) ein juwelengeschmücktes Kostüm. Es steht für Verschwendungssucht und Auflehnung gegen seine Familie.

Im Filmballett »The Tales of Beatrix Potter« tragen die Tänzer Tiermasken.

Manche Kostüme stellen ein Thema oder eine Idee dar, etwa den »Geist der Rose« im gleichnamigen Ballett, der 1911 von Vaslaw Nijinsky zum ersten Mal getanzt wurde.

Der verlorene Sohn

Feuchtel Fischer in »The Tales of Beatrix Potter«

Der Geist der Rose

Wie entstehen Kostüme?

Kostümbildner zeichnen eine Idee auf und probieren Muster möglicher Stoffe aus. Sie müssen berücksichtigen, daß die grellen Bühnenscheinwerfer Farben und Strukturen verändern. Juwelen bestehen aus leichtem Material, das im Scheinwerferlicht glitzert.

Mauskostüm

Kostüme werden von guten Schneidern angefertigt. Tutus sind besonders schwierig zu nähen. Kostüme dürfen die Tänzer nie einengen, auch die Ärmel müssen volle Bewegungsfreiheit gewähren. Zum Zumachen werden keine Reißverschlüsse, sondern Haken und Ösen verwendet. Das ist sicherer, falls einmal etwas reißt.

Das Schneidern eines Tutu dauert mindestens zwei Tage.

Das Make-up

Das Make-up soll die Gesichtszüge so betonen, daß sie im starken Bühnenlicht auch von weitem noch zu sehen sind. Vor allem müssen die Augen betont werden. Aus der Nähe wirkt Bühnen-Make-up total übertrieben, doch für die Zuschauer sieht es ganz natürlich aus.

Mit Make-up werden aber auch besondere Figuren geschaffen. Dabei entstehen aus Spezialmasse eine falsche Nase oder ein hervorstehendes Kinn. Geschicktes Make-up vermag die Form eines Gesichts und die Linie der Augenbrauen sowie das Alter zu verändern.

Hier verwandelt sich ein Tänzer in eine der Stiefschwestern in »Aschenbrödel«.

Zuerst wird mit einem Spezialkleber eine Plastiknase aufgesetzt.

Dann werden mit Make-up Lippen und Augen übertrieben betont und die Augenbrauen arrogant hochgezogen.

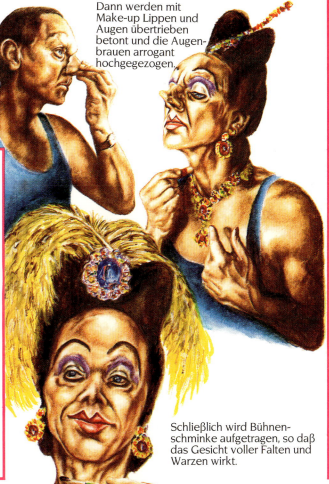

Schließlich wird Bühnenschminke aufgetragen, so daß das Gesicht voller Falten und Warzen wirkt.

Historische Kostüme

Für bestimmte Ballette werden historische Kostüme angefertigt. Die Kostüme für »Romeo und Julia« sind der Renaissance-Kleidung des 16. Jahrhunderts nachgebildet.

Der Gesichtsausdruck

Unterschiedliches Augen-Make-up läßt folgende Mienen entstehen:

Trauer
Augenbrauen und äußere Augenwinkel sind nach unten, die inneren hochgezogen.

Zorn
Augenbrauen werden verstärkt und nach oben gezogen. Seitliche Schatten lassen die Augen kleiner erscheinen.

Natürliche Unschuld
Augenbrauen sind bogenförmig nachgezogen, Augen vergrößert.

Besuch einer Aufführung

Bevor du dir ein Ballett anschaust, solltest du möglichst viel darüber wissen. Du kannst dir zum Beispiel die Musik schon vorher auf einer Platte anhören.

Vor der Vorstellung kannst du ein Programmheft kaufen. Darin stehen die Handlung des Balletts und viele andere interessante Dinge.

Karten erhältst du im Vorverkauf oder an der Abendkasse. Du kannst dir die Voranzeigen auch zuschicken lassen und die Karten schriftlich bestellen.

Das Corps de ballet

Im modernen Ballett zeigen die Tänzer ungewöhnliche Schritte und Posen, die im klassischen Ballett undenkbar wären.

Handlungsballette stellen eine Mischung aus Tanz und Schauspiel dar (siehe gegenüber). In einigen Balletten wird die Handlung von choreographischen Einlagen unterbrochen, in denen zwei oder drei Personen auftreten oder das Corps de ballet tanzt.

Ballette ohne Handlung erzählen jedoch auch etwas. Die Tänzerinnen und Tänzer bringen Stimmungen und Reaktionen durch die verschiedenartigsten Formen und Bewegungen zum Ausdruck. Wer genau hinsieht, kann wohl verstehen, was sie sagen wollen.

Spektakuläre Schritte

Während der Aufführung solltest du auf folgende, sehr schwierige und spektakuläre Figuren ebenso achten wie auf Tempowechsel. Langsame, ruhige Teile lösen schnelle, heftige ab, Gruppenauftritte ein Solo. Bestimmte Teile werden oft wiederholt oder leicht abgewandelt.

Großer Drehsprung

Heißt eigentlich Coupe jeté en tournant.

Fisch

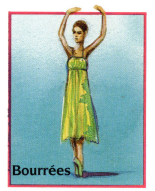

Bourrées

Temps de poisson

Bei diesem kraftvollen Drehschritt bewegt sich der Tänzer in einer spektakulären Folge von Sprüngen, auf die jeweils eine schnelle Drehung auf dem Boden folgt, in einem großen Kreis über die Bühne.

Der »Fisch« ist eine Pose, die von einem Paar (oft am Ende eines Pas de deux) ausgeführt wird. Der Tänzer hält die Tänzerin auf seinem Oberschenkel, während sie mit anmutig gebogenem Körper schwebt.

Bourrées werden auf Spitze getanzt. Die Tänzerin macht eine Reihe winziger Schrittchen, aber es sieht aus, als würde sie gleiten. Sie kann so sehr schnell über die Bühne eilen.

Der Temps de poisson ist eine weitere fischartige Bewegung. Der Tänzer springt in die Luft und biegt seinen Körper seitlich wie ein springender Fisch. Dieser Schritt wird nur selten von Tänzerinnen ausgeführt.

Ballett-Pantomime

Darunter versteht man eine Reihe von Gesten mit bestimmter Bedeutung, die eine Geschichte erzählen helfen. Sie sind möglichst eindeutig und ausdrucksstark. Im Ballett gibt es über 200 solche Gesten. Sie finden hauptsächlich in älteren Balletten Verwendung, so im »Nußknacker« oder in »Giselle«. Doch gibt es auch im modernen Ballett mimische und sehr ausdrucksvolle Darstellungen.

Bitten
Körper nach vorn neigen, rechten Arm ausstrecken, linken leicht nach vorn halten.

Liebe
Sich mit beiden Händen ans Herz greifen, Kopf leicht nach links neigen.

Flehen
Hände wie beim Gebet falten, Körper vorneigen.

Schützen
Beide Arme nach hinten werfen, Kopf hochhalten. Der Körper tritt der Gefahr entgegen.

Du
Rechte Hand dem anderen entgegenstrecken und ihn anblicken.

Schießen
Arme und Hände wie zum Bogenschuß heben und nach oben blicken.

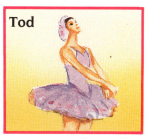
Tod
Arme vorstrecken und vor dem Körper mit leicht geschlossenen Händen überkreuzen.

Angst
Sich abwenden, linken Arm über den Kopf, und Gesicht mit der rechten Hand abschirmen.

Berühmte Theater und Kompanien

Das Bolschoi-Theater

Wahl des Sitzplatzes

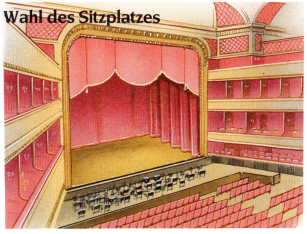

Die meisten Tänzer träumen davon, einmal an der Royal Opera in London, am Bolschoi-Theater in Moskau, an der Metropolitan Opera in New York oder an der Oper von Sydney aufzutreten.

Heute gehen die berühmten Kompanien weltweit auf Tournee. Dadurch hat das Publikum in vielen Ländern Gelegenheit, die besten Aufführungen zu sehen.

Die besten Plätze sind die in der Mitte des Zuschauerraumes, leicht erhöhte Sitze, von denen aus du die Bühne deutlich sehen kannst. Ganz vorn siehst du die Füße der Tänzer schlecht. Die billigsten Plätze sind in den obersten Rängen; von dort hast du allerdings einen guten Überblick. Manche Theater bieten Jugendlichen Gelegenheit, bei Proben zuzusehen.

Ballett als Beruf

Ballettanzen kann zu einer aufregenden Karriere im Rampenlicht führen, aber das ist in den seltensten Fällen so.

Als Beruf kann Ballettanzen nur kurz ausgeübt werden. Die körperlichen Anforderungen zwingen die Tänzer ab Mitte 30 dazu, sich anderweitig zu orientieren. Manche werden Ballettlehrer oder Kritiker*, andere Maskenbildner, Inspizient oder auch etwas ganz anderes.

Körperliche Anforderungen
- Wohlgeformter Kopf
- Langer Hals
- Schlanke Figur
- Mittlere Größe
- Gute Proportionen
- Kräftige Achillessehne, eher hochgewölbter Rist
- Starke Füße

Abgesehen von einer guten Konstitution brauchen Ballettänzer rhythmisches Gefühl, Musikalität, ein gutes Gedächtnis, Sprungkraft und Reaktionsschnelligkeit. Sie müssen Kritik ertragen und hart arbeiten können sowie willens sein, dem Publikum Vergnügen zu bereiten.

Der Ballettunterricht

Mit 7 oder 8 kannst du in eine Ballettklasse eintreten. In manchen Städten gibt es Ballett-Tagesschulen** für begabte Schüler, in die sie mit 12 eintreten können. Die meisten besuchen jedoch normale Schulen und nehmen in ihrer Freizeit Ballettunterricht.

Zeugnis

An Fachschulen lernen die Schüler nicht nur tanzen, sondern erhalten eine allgemeine Bühnenausbildung, zu der Schauspielunterricht, Pantomime, Ballett, moderner Tanz, Step- und Volkstanz wie auch allgemeinbildende Fächer gehören. Die Fortschritte werden streng geprüft und jeweils in Zeugnissen bescheinigt.

Die Berufsausbildung

Zwischen 13 und 15 fällt die Entscheidung, ob man wirklich Ballettänzer werden, einen anderen Beruf am Theater ergreifen oder Ballett nur zum Spaß betreiben will.

Wer Ballettänzer als Beruf erlernen will, muß täglich Unterricht an einer anerkannten Ballettberufsschule nehmen. Listen sind bei den entsprechenden Berufsverbänden erhältlich.

Ein Junge lernt einen Matrosentanz.

Dort werden nicht nur die tänzerischen Grundlagen vertieft, sondern man lernt auch mit einem Partner zusammen sowie Charakterrollen zu tanzen. Zum Lehrplan gehören zudem moderner Tanz, Volkstanz, Jazztanz und Improvisation, aber auch Theorie und Schauspielunterricht. Um das für eine berufliche Laufbahn erforderliche Selbstvertrauen zu entwickeln, führen die Ballettschüler regelmäßig vor Publikum Ausschnitte aus Balletten auf.

Ballettschulen, die einer Kompanie angegliedert sind, halten unter den Schülern ständig nach Nachwuchstalenten Ausschau. Sie lassen sie auch ab und zu in Statistenrollen oder im Corps de ballet auftreten.

* Ballettkritiker besprechen Ballettaufführungen in Büchern und Zeitungen.
** Mehr über Ballettschulen Seite 24/25.

Das erste Engagement

Am Ende der Ausbildung findet eine Prüfungsvorstellung statt. Außerdem organisieren die Kompanien alljährlich ein Vortanzen und suchen sich die besten Nachwuchstalente aus.

Manchmal muß eine Truppe auch während des Jahres einen Ausfall ersetzen.

Nur die wenigsten kommen bei einer großen Kompanie unter. Es ist von Vorteil, wenn man sich rechtzeitig auch bei kleineren Ballett-Truppen umsieht und sich um ein Vortanzen bemüht.

Alternativen

Viele müssen den Wunsch, klassischen Ballettanz als Beruf auszuüben, aufgeben, weil sie letztlich doch nicht alle erforderlichen Voraussetzungen erfüllen. Kann sein, daß sie zu groß werden, sich verletzen oder daß sonst ein Ereignis eintritt, das ihnen diese Laufbahn versperrt. Was für Möglichkeiten gibt es in diesem Fall?

Wer gern auftritt, kann sich für das Theater entscheiden. An einem Theater —und zwar nicht in der Ballett-Truppe— zu tanzen ist etwas ganz anderes, als einer Ballettkompanie anzugehören. Unter anderem müssen die Tänzer alles mögliche können und ganz unterschiedliche Tanzstile beherrschen.

Am Theater gibt es aber auch andere Möglichkeiten: Man kann Bühnenbildner, Choreograph oder Regisseur werden oder auch eine andere Tätigkeit ausüben, die nicht mehr direkt mit Tanz zu tun hat.

Manche Tänzer wenden sich dem modernen Tanz zu. Sie ziehen den von starren Regeln und Normen weitgehend freien Stil dem strengen klassischen Tanz vor.

Unterricht in Choreologie

Viele Tänzer beginnen irgendwann im Laufe ihrer Karriere zu unterrichten, sei es an einer Ballett-Tagesschule oder in privaten Klassen. Es gibt Ballettschulen, die für pädagogisch interessierte Tänzerinnen und Tänzer spezielle Ausbildungslehrgänge anbieten, die mit einer Prüfung abschließen.

Studium

Heute kann man Ballett und Tanz auch an manchen Hochschulen studieren. Solche Studiengänge umfassen nicht nur Theorie und Geschichte des Tanzes, sondern sie bieten auch praktischen Unterricht in Tanz und Ballett.

Nach einem solchen Lehrgang schließt man sich selten einer Kompanie an, sondern betätigt sich eher im pädagogischen, journalistischen oder wissenschaftlichen Bereich.

In der Ballettschule

Wer begabt ist und die körperlichen Voraussetzungen erfüllt, kann in eine Ballett-Tagesschule eintreten. Da die Schüler von überall her, sogar aus dem Ausland kommen, leben viele ganz im Internat.

Obwohl den Schülern harte Arbeit und eiserne Disziplin abverlangt werden und trotz strenger Auswahlkriterien ist der Andrang sehr groß.

Die Aufnahme

Mit acht bis elf Jahren kann man vortanzen, selbst wenn man noch keine Ballettklasse besucht hat. Was zählt, sind die körperlichen Voraussetzungen und die Fähigkeit, sich tänzerisch auszudrücken.

Dies wird anhand einfacher Übungen getestet. Die Bewegungen zu einer bestimmten Musik verraten, ob jemand Phantasie und Musikalität hat.

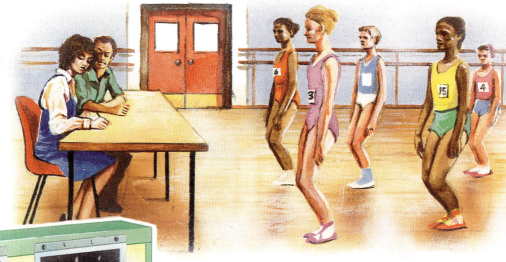

Die körperliche Verfassung wird gründlich geprüft. Dabei werden die Hände geröntgt, denn sie geben Aufschluß über das künftige Wachstum. Mädchen dürfen nicht zu groß werden, Jungen nicht zu klein bleiben, da im klassischen Ballett die Männer größer sein sollen als die Frauen.

Die Abstände zwischen den Handwurzelknochen zeigen, wieviel man noch wächst. Die linke Hand zeigt weitere Zwischenräume; dieses Kind wird noch ziemlich viel wachsen.

Der Unterricht

Anfangs dauern die Lektionen eineinhalb Stunden, später mehr. Die Klassen sind klein. Jungen und Mädchen werden meist getrennt unterrichtet.

Zuerst konzentriert man sich auf die Technik. Sobald man gelernt hat, die richtige Körperhaltung zu finden, übt man im letzten Teil des Unterrichts jeweils kurze Schrittfolgen, sogenannte Enchaînements.

Mit dem Spitzentanz sollte ein Mädchen erst anfangen, wenn eine neutrale Person festgestellt hat, daß die Füße kräftig genug sind. Zuerst übt man nur für wenige Minuten am Ende jeder Stunde. Allmählich verlängert sich diese Zeit, und nach zwei Jahren tanzen die Mädchen etwa eine Stunde am Tag auf Spitze. Mehr über Spitzentanz findest du auf Seite 39.

Das Training der Jungen ist recht athletisch. Sie steigern ihre Kraft durch Gewichtheben. Nach einem Jahr lernen sie Paartanz, dürfen die Partnerin aber noch nicht heben.

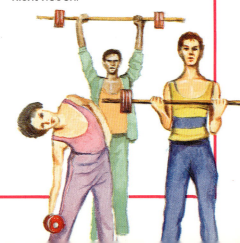

Schauspielkunst und Choreographie

Die Tänzer tragen spezielle Charakterkostüme.

Neben der Ballettechnik werden auch andere wichtige Aspekte des Balletts gelehrt, darunter die Schauspielkunst. Man lernt vor einem Publikum aufzutreten und Stimmungen und Gefühle auszudrücken. Charaktertänze aus bestimmten Balletten sowie Volkstänze aus aller Welt gehören ebenso zum Unterricht.

Die Ballettschüler erhalten auch Unterricht in Choreographie. Dabei entwerfen sie eigene Tänze, experimentieren mit Schritten und stellen sie zu interessanten Figurenfolgen zusammen, oder sie gestalten Tänze nach vorgegebenen Themen.

Choreologie

Ein weiteres Fach ist Choreologie (siehe Seite 12/13). Damit kann man im Unterricht die Tanzschritte notieren.

Weitere Fächer

Die Schüler erhalten zudem Unterricht in den Fächern Musik, Fremdsprachen und Anatomie. Die Anatomie hilft ihnen, Knochenbau und Muskelfunktionen besser zu verstehen.

Das Klassenziel

Jeder Schüler wird regelmäßig geprüft. Wer das Klassenziel nicht erreicht oder zu viel bzw. zu wenig gewachsen ist, muß die Schule verlassen. Da nur sehr wenige Anwärter im Ballett ganz nach oben kommen, werden die Schüler stets dazu angehalten, auch andere berufliche Möglichkeiten im Auge zu behalten.

Ausbildung international

Sowjetunion
Das Kirow-Ballett in Leningrad und das Bolschoi-Ballett in Moskau haben ihre eigenen Schulen. In der russischen Schule wird der Rücken als besonderes Ausdrucksmittel eingesetzt, so etwa bei spektakulären Sprüngen.

Dänemark
Die Königlich Dänische Ballettschule wurde von dem Tanzpädagogen August Bournonville geprägt. Sein Schulsystem erzielt eine besonders federnde Sprungtechnik. Auch auf exakte Fußarbeit wird großer Wert gelegt.

Frankreich
Am Opernballett der Pariser Oper haben viele große Tänzer debütiert. Die Schüler heißen dort »les petits rats« (die kleinen Ratten).

Amerika
Der Unterricht an der Ballettschule von New York folgt dem schnellen, dramatischen Stil ihres Gründers George Balanchine.

Großbritannien
Die Royal Ballet School in London wurde gegründet, um die Ballet Company mit neuen Talenten zu versehen. Heute tanzen ihre Schüler auch in Kompanien auf der ganzen Welt.

Bundesrepublik Deutschland
Als führende Ballettzentren sind das Württembergische Staatstheater in Stuttgart und die Ballettschule der Hamburgischen Staatsoper zu nennen, aber auch Berlin, München, Düsseldorf und Wuppertal haben beachtliche Ballettkompanien.

An der Barre

Auf den folgenden Seiten findest du einfache Übungen. Sie folgen der Cecchetti-Methode (siehe Seite 7). Du kannst sie im Unterricht oder auch zu Hause ausführen.

Die Übungen auf dieser Doppelseite werden an der Barre ausgeführt. Zu Hause kann eine Stuhllehne die Stange ersetzen. Man übt zuerst in eine Richtung, dreht sich dann um und wiederholt das Ganze, um beide Körperhälften gleichmäßig zu trainieren.

Wirbelsäule und Kopf stets gerade halten.

Der Ellbogen des freien Arms darf nicht herabhängen, Finger anmutig halten. Es gibt fünf Armpositionen. Du findest sie auf der Seite gegenüber.

Die Zehen am Boden sollten gestreckt und flach sein. Bei fehlerhafter Balance krümmen sich die Zehen, um am Boden Halt zu finden.

Der Abstand von der Barre ist sehr wichtig, weil die ganze Körperstellung davon abhängt. Die Hand sollte sich etwas vor dem Körper an der Stange befinden, und du mußt dir vorstellen, daß eine senkrechte Linie mitten durch deinen Körper verläuft. Stehst du zu weit von oder zu nah an der Stange, verschiebt sich diese Linie. Die beste Position findest du durch Ausprobieren.

Pliés

Pliés sind gute Übungen zum Aufwärmen, denn dabei werden alle Beinmuskeln gedehnt und gelockert. Sie helfen auch, eine schöne Auswärtsdrehung zu entwickeln.

Es gibt zwei Arten von Pliés: Grands Pliés (tiefe Kniebeugen) und Demi-pliés (halbe Kniebeugen). Demi-pliés eignen sich besonders gut zur Dehnung der Sehnen hinten an der Ferse.

Man kann Pliés in allen fünf Positionen (siehe Seite 6/7) ausführen. Du beginnst mit dem Gesicht zur Stange in der I. und 2. Position.

Demi-pliés

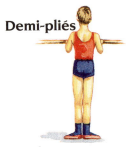

Beim Demi-plié Gesicht zur Stange, beide Hände ruhen darauf; I. Position einnehmen.

Grands pliés

Beginn bei den Grands pliés ebenfalls mit dem Gesicht zur Stange und in der I. Position.

Battements tendus

Das bedeutet wörtlich »gestrecktes Schlagen«. Diese Übung kräftigt das Fußgewölbe. Man setzt die Fußspitze vor, zur Seite, zurück und wieder zur Seite. Die Bilder zeigen die Bewegung nach vorn und zur Seite.

2. Armposition siehe Seite 27.

I. Position einnehmen, Beine gut auswärts drehen; Arme in 2. Position.

Battements glissés

Glissé kommt vom französischen Wort für gleiten. Bei dieser Übung führt man den Fuß über den Boden und hebt ihn dann an. Das schult die schnelle Fußbewegung. Die Übung wird nach vorn, zur Seite, nach hinten und wieder zur Seite durchgeführt; hier zur Seite.

Füße in I. Position; Arm in 5. en bas (siehe nächste Seite).

Beim Senken nicht auf den Hüften »sitzen«; aus den Hüften hochkommen.

Demi-plié in 2. Position.

Knie beugen; Fersen solange am Boden halten, bis du sie behutsam anheben mußt.

Langsam erheben; Fersen zuerst auf den Boden setzen, dann Knie strecken.

Bei einem Grand plié in 2. Position Fersen nicht anheben, sondern auf den Boden drücken.

Nicht an der Barre hängen!

Grand plié in 2. Position.

Knie soweit wie möglich beugen, ohne daß die Fersen den Boden berühren.

Knie langsam strecken. Das muß genau so lange dauern wie das Beugen.

Beim Demi-plié in 2. Position ist der Schwerpunkt zwischen, nicht auf den Füßen.

Zehen strecken, Bein auswärts drehen.

Rechtes Bein zur 4. Position vorstrecken, dann den Fuß in die I. Position zurückführen.

Das rechte Bein seitlich in die 2. Position strecken; Körper und Hüften gerade halten.

Rechtes Bein zurück in die I. Position führen. Die Übung auch nach hinten und wieder zur Seite machen.

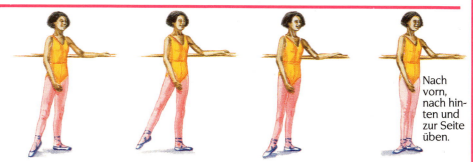

Nach vorn, nach hinten und zur Seite üben.

Fuß über den Boden in die 2. Position führen und gestreckt etwa 5 bis 7 cm vom Boden heben.

Zehen auf den Boden in die 2. Position senken; dabei Hüften nicht abknicken lassen!

Zum Schluß Zehen über den Boden zurück in die I. Position führen; Ferse wieder in Ausgangsstellung.

* Plié kommt vom französischen Wort plier, beugen.

Die Positionen der Arme

Die folgenden Grundpositionen der Armhaltung (Port de bras) entsprechen der Cecchetti-Methode. Später werden die Arme auch ganz unterschiedlich gehalten.

I. Position

2. Position

Demi-seconde

3. Position

4. Position

En haut

En avant

5. Position

En bas

En haut

En avant

Rondes de jambe à terre

Hier folgen weitere Übungen an der Barre; zuerst Rondes de jambe à terre, das heißt Kreisen eines Beines am Boden. Man beschreibt mit dem Fuß einen Halbkreis. Die Rondes dienen zur Lockerung der Hüftbänder und Verbesserung der Auswärtsdrehung. Bei en dehors beginnt der Halbkreis vorn; bei en dedans hinten. Rechts siehst du eine Ronde de jambe en dehors.

Die Bilder auf diesen beiden Seiten zeigen die Ausführung mit dem rechten Fuß, die Übungen müssen aber auch mit dem linken Fuß durchgearbeitet werden. Ganz rechts einige Tips über Zehen- und Fußstellung.

Füße in I. Position; rechter Arm in 2.

Rechte Fußspitze nach vorn in die 4. Position führen.

Battements frappés

Frappé kommt vom französischen Wort für schlagen. Bei den Battements frappés stellt man die Ferse abwechselnd quer vor und hinter das Standbein und tippt mit dem Fuß auf den Boden. Diese Übung muß schnell durchgeführt werden. Sie schult die Reaktionsfähigkeit und bereitet spätere Sprungschritte vor.

Ähnlich sind die Petits Battements sur le cou-de-pied. Dieser Übungsschritt wird rechts gezeigt und beschrieben.

Arm in 2. Position

Rechte Ferse ruht auf dem Fußknöchel.

Rechtes Knie beugen; Ferse vor den Knöchel des linken Fußes setzen — das ist die Ausgangsposition.

Rechten Fuß kräftig aufsetzen, so daß der Ballen seitlich auf den Boden trifft.

Grands battements

Grands Battements heißt wörtlich große Schläge. Dabei wird der gestreckte Fuß vom Boden gehoben, wobei beide Beine gestreckt bleiben. Das kräftigt die Beine und erhöht die Spannweite, das heißt die Höhe, bis zu der du die Beine heben kannst.

Wie alle anderen Übungen an der Stange kann man Grands battements nach vorn, zur Seite, nach hinten und wieder zur Seite üben. Dies wird en croix genannt, das heißt in Form eines Kreuzes. Die Abbildungen zeigen ein Grand battement nach vorn. Man kann diese Übung in der I. oder in der 5. Position durchführen.

Füße in I. Position; rechter Arm in 2.

Rechten Fuß mit gestreckten Zehen nach vorn in die 4. Position führen.

Développés

Dies bedeutet wörtlich Entfaltung. Développés sind langsame Bewegungen, bei denen das Bein zum höchstmöglichen Punkt geführt wird. Die Abbildungen rechts zeigen ein Développé nach vorn. Man übt sie aber auch en croix, also nach vorn, zur Seite, nach hinten und wieder zur Seite.

Développés dienen dazu, das Bein stets so unter Kontrolle zu halten, daß es eine elegante Linie mit dem Körper bildet und die Bewegung stetig und flüssig wird.

Aufrecht stehen mit gestrafften Knien.

Füße in 5. Position; rechter Arm in der 5. en bas (siehe vorige Seite).

Rechte Fußspitze langsam am Bein entlang bis zum Knie hochführen. Beine bleiben auswärts gedreht.

Tips zur Stellung der Zehenspitzen

Fuß zeigt nach vorn.

Wenn man den Fuß auf der Zehenspitze nach vorn führt, sollte das Bein von der Hüfte her auswärts gedreht sein, die Ferse hochstehen und der große Zeh — nicht der kleine — den Boden berühren. Fuß und Bein müssen eine Linie bilden.

Hüften nicht drehen; sie dürfen während der ganzen Übung nicht abknicken.

Fußspitze kreisförmig über den Boden in die 2. Position führen.

Zehenspitze im Kreis nach hinten in die 4. Position führen.

Zum Schluß den Fuß über den Boden zurück in die I. Position führen.

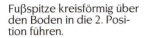

Petits Battements sur le cou-de-pied

Das sind leichte Schläge auf den Spann. Man berührt mit der Ferse den inneren Knöchel abwechselnd vorn und hinten. Der Fußballen bleibt auf dem Boden, der Fuß angezogen, also nicht gestreckt.

Die Zehen sollten etwa 7 cm über dem Boden sein.

Wenn der Fuß nach dem Stoß vom Boden abhebt, Fuß strecken, gleichzeitig Knie straffen.

Rechtes Knie erneut beugen, rechte Ferse hinten an den linken Fußknöchel führen.

Fuß zeigt zur Seite.

Auch wenn man die Spitze seitwärts stellt, muß der Fuß mit dem Bein eine Linie bilden. Ferse anheben, Zehenspitzen strecken. Die Spitze darf nur ganz leicht den Boden berühren, die Ferse nicht nach hinten gedreht werden.

Knie straffen, so daß die Innenseite des Beins gerade ist.

Rechtes Bein möglichst hoch heben, wobei die Hüften waagerecht bleiben müssen.

Rechten Fuß auf den Boden zurück in die 4. Position senken.

Zum Schluß rechten Fuß mit gestrecktem Knie zurück in die I. Position führen.

Fuß zeigt nach hinten.

En l'air

Während dieser Beinbewegung rechten Arm vor dem Körper weich anheben.

Dann das Bein langsam nach vorn entfalten. Diese Position heißt en l'air (in der Luft).

Bein durchstrecken, gleichzeitig Arm nach außen in die 2. Position führen.

Hinten ruht die Innenseite des großen Zehs leicht auf dem Boden, die Ferse wird nach unten gedrückt. Fuß nicht einwärts drehen, da dann die Ferse hochsteht.

Übungen im Raum

Der zweite Teil einer Ballettlektion besteht aus Übungen im freien Raum. Zuerst werden einige der bereits ausgeführten Übungen ohne Stange als Balancehilfe wiederholt.

Dann folgt die eigentliche Arbeit im Raum, zum Beispiel Übungen zum Port de bras. Die Arme müssen flüssig aus einer Position in die andere bewegt werden. Oder man lernt Schritte wie die Arabesque (siehe gegenüber) und trainiert das Allegro (schnelle Schritte). Mehr über Allegro auf den folgenden Seiten.

Bei der Raumarbeit gibt es acht Grundpositionen, bei denen die Körperlinie am vorteilhaftesten aus verschiedenen Blickwinkeln zur Geltung kommt.

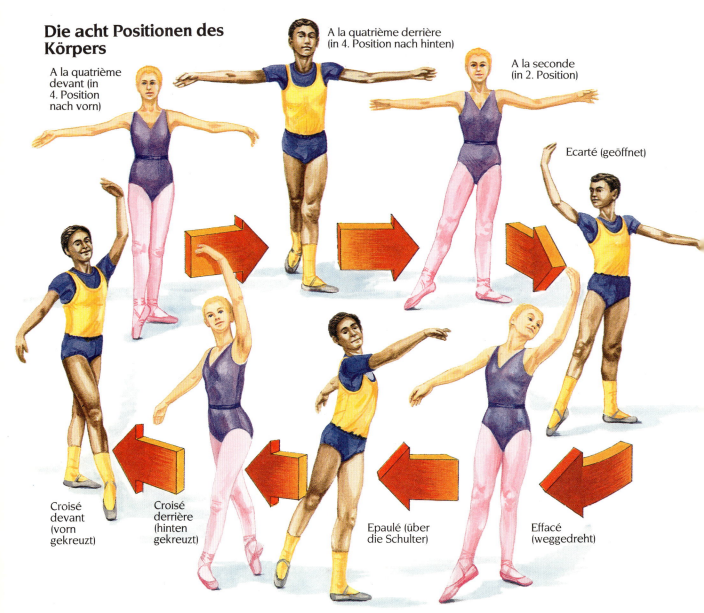

Die acht Positionen des Körpers

A la quatrième devant (in 4. Position nach vorn)

A la quatrième derrière (in 4. Position nach hinten)

A la seconde (in 2. Position)

Ecarté (geöffnet)

Croisé devant (vorn gekreuzt)

Croisé derrière (hinten gekreuzt)

Epaulé (über die Schulter)

Effacé (weggedreht)

Die acht Positionen oder Richtungen des Körpers bilden die Grundlage für viele Bewegungen im Ballett. Man übt sie bei jedem Raumtraining. Sie sind so ausgearbeitet, daß das Publikum, in welche Richtung ein Tänzer auch blickt, immer eine klare Körperlinie vor sich sieht.

Probiere die Positionen selbst aus. Die Bezeichnungen dazu findest du jeweils neben den einzelnen Abbildungen.

Ports de bras

Port de bras heißt Armhaltung. Bei diesen Übungen mußt du die Arme weich und anmutig bewegen.

Bevor du die einfachen Armübungen rechts ausprobierst, mußt du dich mit herabhängenden Schultern gerade hinstellen.

Die Arme sind entspannt, wobei Ellbogen und Handgelenke leicht gebeugt sind und einen Bogen bilden. Die Finger sollten lang ausgestreckt, aber nicht angespannt sein.

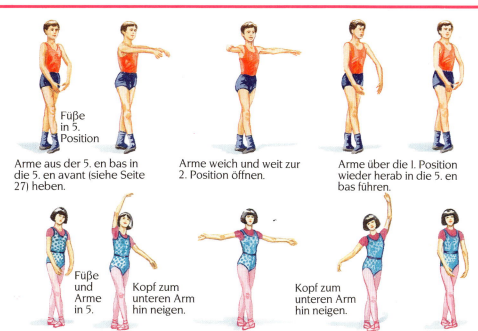

Füße in 5. Position
Arme aus der 5. en bas in die 5. en avant (siehe Seite 27) heben.

Arme weich und weit zur 2. Position öffnen.

Arme über die I. Position wieder herab in die 5. en bas führen.

Füße und Arme in 5.
Rechten Arm in die 5. en avant heben, linken Arm in demi-seconde.

Kopf zum unteren Arm hin neigen.
Position der Arme wechseln, wobei sie die 2: Position durchlaufen.

Kopf zum unteren Arm hin neigen.
Beide Arme in die 5. en bas senken, wobei der linke demi-seconde durchläuft.

Arabesques

Arabesques sind bekannte Ballettfiguren. Obwohl sie leicht aussehen, sind sie schwierig, denn sie erfordern beträchtliches Können und eine gute Balance.

Das Gewicht liegt auf dem Standbein, während das Spielbein nach hinten gestreckt ist. Die Arme können verschiedene Positionen einnehmen, müssen aber zur Position der Beine passen.

Die Abbildungen zeigen, wie man aus dem Développé à la seconde in die erste Arabesque kommt und dann aus der ersten zur zweiten Arabesque übergeht.

Arme in 5. en bas.
Arme in 5. en avant heben.
Füße in 5. Position, rechtes Bein langsam seitlich beugen.

Rechten Fuß strecken, zum linken Knie hochziehen und Bein entfalten.

Arme zur 2. Position öffnen.
Dann rechtes Bein seitlich strecken (à la seconde).

Handflächen nach unten drehen, Finger strecken.
Körper so zur Seite drehen, daß das rechte Bein hinten ist. Füße auswärts drehen.

Linke Ferse leicht vorstellen.
Dies ist die erste Arabesque.
Linke Hand in Augenhöhe führen; rechten Arm etwas senken.

Dies ist die zweite Arabesque.
Haltung der Arme wechseln, wobei sie die 2. Position durchlaufen.

Adagio

Langsame, getragene Bewegungen wie die Arabesque werden im Adagio ausgeführt. Adagio ist italienisch und heißt langsam, ruhig. Beim Adagio muß man besonders auf Anmut, Balance und Körperlinie achten sowie auf fließende Bewegungen. Die daraus sich ergebenden gleichmäßigen anmutigen Linien kennzeichnen die Harmonie und Ausgewogenheit des klassischen Balletts.

Ein weiterer bekannter Adagio-Schritt ist die Attitude. Dabei hebt man das Bein mit gebogenem Knie hoch nach hinten und den Arm gleichzeitig anmutig über den Kopf.

Glissades

Glissades sind Gleitschritte. Man bewegt sich dabei seitwärts, indem man die Füße so fließend wie möglich nach rechts, links, vorwärts oder rückwärts über den Boden führt.

Fang möglichst langsam an, und steigere das Tempo, sobald du dich sicherer fühlst.

Füße in 5.; Arme in 5. en bas.

Arme zur I. Position öffnen.

Demi-plié; dann rechten Fuß über den Boden führen.

Rechten Fuß strecken und etwa 7 cm heben.

Pas de bourrées

Bourrée ist ursprünglich ein Volkstanz aus Frankreich im Drei- oder Vier-Viertel-Takt. Im Ballett gibt es verschiedene Bourrées.

Den Schritt rechts lernst du ziemlich früh. Er heißt Pas de bourrée en avant (nach vorn).

Linkes Bein vorn.
Gesicht effacé; Füße und Arme in 5. Position.

Arme zu demiseconde öffnen.
Fuß etwa 7 cm über dem Boden.
Linkes Bein demi-plié, rechtes Bein seitwärts schieben und heben.

Erheben auf die Zehenspitze heißt relevé.
Rechtes Bein zur 5. Positon schließen; mit beiden Füßen auf Zehenspitze.

Pirouettes

Eine Pirouette ist ein schneller Drehschritt auf einem Bein. Hier siehst du eine Pirouette en dehors, einen recht einfachen Schritt.

Während der Drehung wenden die Tänzer eine ganz bestimmte Technik an, damit sie nicht schwindlig werden. Mehr darüber weiter unten.

Einen Punkt geradeaus fixieren.
Füße in 5. Position, linkes Bein vorn; Arme in 5. en bas.

Linkes Bein seitwärts strecken; Arme über die fünfte en avant in die 2. Position bringen.

Rechts Knie beugen; die linke Ferse hinter den rechten Knöchel stellen; Arme in 3. Position.

»Fixieren«

Damit einem beim schnellen Drehen nicht schwindlig wird, muß man lernen, einen Gegenstand zu »fixieren«. Im Unterricht ist dies ein bestimmter Punkt an der Wand. Man schaut ihn während der Drehung möglichst lange unverwandt an, wirft dann den Kopf herum und fixiert ihn erneut.

Viele Theater haben dafür ein blaues Licht. Es befindet sich meist sehr hoch oben hinten im Saal.

Kopfbewegung

Bei vielen Schritten muß man besonders auf die Bewegungen des Kopfes achten.

Es gibt Positionen, bei denen du den Kopf neigen mußt, um die Körperlinie abzurunden und die Balance zu halten.

Allegro-Schritte

Glissades und Bourrées werden immer im Raum und nicht an der Barre geübt. Es sind Allegro-Schritte.

Allegro ist ein italienischer Begriff aus der Musik und heißt schnell, lebendig. Und so sollten Glissades und Bourrées auch ausgeführt werden. Bis man sie beherrscht, muß man sie natürlich langsam üben.

Die Arme dürfen dabei nicht herumfliegen. Die Schritte sollten möglichst beherrscht und doch lebhaft ausgeführt werden.

Arme in demi-seconde. — Fuß etwa 7 cm über dem Boden. Gleiten mit Verlagerung des Gewichts auf den rechten Fuß; linken Fuß heben.

Kopf nach rechts neigen. — Arme in 5. en bas. Gewicht auf das linke Bein verlagern und das rechte zur 5. Position schließen.

Linkes Bein auf der Zehenspitze nach vorn führen; Arme in die 4. en avant.

Beine eng aneinander. Rechten Fuß dicht hinter den linken in die 5. en relevé führen.

Kopf über den rechten Arm neigen. Aus dieser Position kannst du eine Bourrée in die andere Richtung beginnen. Demi-plié mit dem rechten Bein; das linke Bein nach vorn führen und heben.

Kopf zur rechten Schulter drehen. Auf dem Ballen drehen. Linken Fuß ans rechte Knie legen und auf dem rechten Bein drehen; Arme zur 5. en bas senken.

Kopf nach halber Drehung schnell herumwerfen: Drehung fortsetzen, bis das linke Knie nach vorn steht und der Kopf über die linke Schulter schaut.

Drehung abschließen und die Füße zur 5. schließen; Arme zur demiseconde ausbreiten.

Drehschritte

Im Ballett heißt ein Drehschritt Pirouette. Pirouettes können in jedem Tempo ausgeführt werden und kommen manchmal auch in Adagio-Teilen vor. Häufiger werden sie aber schnell und effektvoll in Allegro-Partien gezeigt.

Wie drehen?

Drehungen können in zwei Richtungen ausgeführt werden: en dehors (auswärts) und en dedans (einwärts). Bei einer Drehung en dehors dreht man sich vom Standbein weg. Wenn du also auf dem rechten Bein stehst, erhebst du das linke und drehst dich nach links.

Drehung en attitude.

Bei einer Drehung en dedans dreht man sich zum Standbein hin. Wenn du also auf dem rechten Bein stehst, erhebst du das linke und drehst dich nach rechts. Du kannst dich en arabesque (mit hinten gestrecktem Bein) oder en attitude (mit hinten gebogenem Bein) drehen.

Sprünge und Sprungschritte

Im letzten Teil einer Ballettlektion übt man Sprünge und Sprungschritte: Petit allegro (klein und schnell) und Grand allegro (hoch und langsamer). Die Sprünge beginnen und enden im Demi-plié. Dadurch werden bei Absprung und Landung die Gelenke weniger strapaziert.

Bei der Landung sollten zuerst die Zehenspitzen den Boden berühren, dann setzt die Sohle und schließlich die Ferse auf. Dadurch wird die Landung fließend und leise.

Changements

Ein Changement ist ein Sprung, bei dem vor der Landung die Fußstellung gewechselt wird. Das Wort bedeutet Wechsel (siehe Abbildungen rechts).

Später lernt man auch Changements battus. Dabei werden die Beine in der Luft rasch aneinander geschlagen.

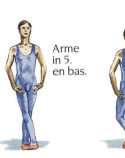

Arme in 5. en bas.

Füße in 5., rechter Fuß vorn; dann ein Demi-plié. Fersen bleiben auf dem Boden.

Schultern nicht hochziehen; Arme ruhig halten.

Senkrecht mit gestreckten Beinen und Füßen hochspringen.

In der Luft Beine wechseln und in 5. Position demi-plié landen, diesmal mit dem linken Fuß vorn.

Entrechats

Ein Entrechat ist ein Schritt, bei dem man senkrecht hochspringt und die Füße mehrmals vor der Landung kreuzt (Kreuzsprung).

Entrechats werden oft mit anderen Schritten und Sprüngen kombiniert. Rechts ist ein Entrechat quatre zu sehen.

Arme in 5. en bas.

Beine ganz leicht gebeugt.

Aus der 5. Position demi-plié, rechter Fuß vorn, hochspringen. Beim Absprung Füße nach unten strecken.

In der Luft die Position der Beine sehr schnell wechseln, so daß das linke Bein vorn ist.

Vor der Landung Beine wieder wechseln, um in 5. Position demi-plié, mit dem rechten Bein vorn, abzuschließen.

Spektakuläre Entrechats

Der englische Tänzer Wayne Sleep hat einen Entrechat dix zustandegebracht, also vor der Landung fünf Kreuzwechsel durchgeführt. Der russische Tänzer Wazlaw Nijinski soll sogar einen Entrechat douze (sechs Wechsel) geschafft haben.

Wayne Sleeps Sprung steht im Guinness-Buch der Rekorde.

Pas de chat

Pas de chat heißt Katzenschritt und ist ein lustiger Sprungschritt, ähnlich dem Sprung einer Katze auf eine Maus.

Man bewegt sich seitlich springend durch die Luft, oft mehrmals hintereinander.

Diesen Sprungschritt kannst du nach rechts oder links machen. Hier wird er nach links gezeigt.

Arme in 3. Position; Kopf blickt über den gebogenen Arm.

Aus der 5. Position demi-plié, rechter Fuß vorn, nach links springen; Zehen des linken Fußes auf der Höhe des rechten Knies.

Rechtes Bein heben, so daß es mit dem linken die retiré genannte Position einnimmt; Kopf weiter nach links drehen.

Diese Haltung heißt retiré.

Schließlich demi-plié in 5. Position, rechter Fuß vorn, landen. Du stehst links von der Ausgangsposition.

Der Tanz der Katzen

Pas de chat kommen im Tanz der Katzen im 3. Akt von »Dornröschen« vor. Sie wurden von Marius Petipa, einem großen Choreographen des klassischen Balletts, eingeführt. Er setzte dabei echte Katzenbewegungen in Ballettschritte um.

Assemblés

Bei einem Assemblé spreizt man beim Sprung die Beine und legt sie vor der Landung wieder aneinander.

Dieser Schritt kann nach vorn, hinten und zur Seite sowie groß oder klein ausgeführt werden. Rechts die Anleitung zu einem einfachen Assemblé.

Arme in 5. en bas.

Kopf nach links neigen.

Linkes Bein vorn.

Füße in 5. Position; rechtes Bein vorn; demi-plié. Dann linken Fuß in 2. Position führen und heben.

Sobald der Fuß in 2. Position ist, mit dem rechten Bein hochspringen und Arme zur 2. Position öffnen.

Füße in der Luft zusammenführen und in 5. Position demi-plié landen; Arme wieder in 5. en bas bringen.

Elevation

Jede Ballerina und jeder Ballettänzer möchte leichtfüßig springen und elegant dahinfliegen. Die Fähigkeit, hoch und leicht zu springen, wird auch als gute Elevation bezeichnet. Von Männern wird meist erwartet, daß sie höher springen und sich öfter drehen als Frauen.

Ein einfacher Tanz

Diesen einfachen Tanz kannst du zu Hause selbst üben. Du brauchst allerdings genug Platz, und du mußt richtig aufgewärmt sein. Der Tanz besteht überwiegend aus Schritten, die auf den vorhergehenden Seiten beschrieben sind. Die Bezeichnungen für die Schritte stehen Seite 37 rechts oben. Die Liste endet mit dem neuen Drehschritt Soutenu.

Glissade derrière

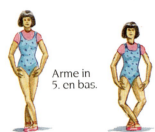   

Arme in 5. en bas.

Kopf nach links neigen.

Füße in 5. Position demi-plié, rechter Fuß vorn.

Linken Fuß in 2. Position führen; Arme über die I. in demi-seconde.

Sobald die Arme in der Position demi-seconde sind, linken Fuß etwa 7 cm heben und strecken.

Dann nach links springen. Bei der Landung rechten Fuß etwa 7 cm über dem Boden strecken.

Zwei Changements

Knie durchgestreckt lassen.

Füße gerade ausrichten, geradeaus blicken; dann demi-plié.

Mit gestreckten Beinen hochspringen, vor der Landung Beine wechseln.

In 5. Position demi-plié landen, rechter Fuß vorn. Dann zum zweiten Changement hochspringen.

Beine vor der Landung wechseln, so daß der linke Fuß vorn ist, dann Beine strecken.

Soutenu

Arme zur 2. weit öffnen.

Arme in 5. en bas senken; mit dem rechten Fuß einen kleinen Kreis um das linke Bein ziehen.

Dies löst eine Drehung nach links aus; auf dem Fußballen drehen, Füße in 5. Position.

Drehung auf Zehenspitzen fortsetzen; Arme über die 5. en avant hoch in die 5. en haut.

Mit dem linken Fuß vorn abschließen. Jetzt kannst du das Enchaînement nach rechts wiederholen.

Im Ballet werden Schritte wie Wörter zu einem Satz zusammengefügt. Solche Sätze heißen Enchaînements (Verbindungen). Die Schritte sind wie Glieder einer Kette. Ein Ballettsolo besteht aus mehreren aneinandergereihten Enchaînements.

Glissade derrière (nach links)
Assemblé dessus (nach links)
Zwei changements (auf der Stelle)
Zwei pas de chat (nach rechts)
Soutenu (auf der Stelle)

Assemblé dessus

Rechten Fuß senken und zur 5. Position demi-plié führen; Arme durch die 1. in die 5. en bas senken.

Linken Fuß in etwa 7 cm Höhe zur 2. führen; Arme zur demi-seconde öffnen.

Sobald der linke Fuß in 2. Position ist, mit dem rechten Fuß abspringen; Kopf nach links.

Arme in 5. en bas.

Füße in der Luft zusammenschlagen, sanft demi-plié landen (linker Fuß vorn).

Zwei Pas de chat

Arme in 3. Position.

Kopf nach rechts neigen.

Aus einem Demi-plié hochspringen, rechte Fußspitze zum linken Knie führen.

Diese Haltung heißt retiré.

Linkes Bein so heben, daß die Fußspitzen einander berühren. Dann demi-plié, linker Fuß vorn, landen.

Wieder nach rechts springen, wobei die rechte Fußspitze das linke Knie berührt.

Linkes Bein zur retiré genannten Position heben, demi-plié, mit dem linken Bein vorn, landen.

Variationen

Wenn du das Enchaînement einige Male geübt hast, kannst du versuchen, es verschieden schnell, also im Petit und Grand Allegro, ausführen. Eine Schrittfolge wirkt schnell ausgeführt ganz anders als langsam.

Beherrschst du die Übung gut, kannst du versuchen, Assemblés und Changements zu »schlagen«. Dabei machst du kleine, schnelle, öffnende und schließende Beinbewegungen, wobei die Waden in der Luft leicht aneinanderstoßen.

Schritte für zwei

Einen Pas de deux (Schritte für zwei) tanzt eine Tänzerin mit einem Partner. Diese Teile sind der Höhepunkt der meisten Ballette.

Pas de deux gut zu tanzen erfordert jahrelange Übung und vollständiges Vertrauen in den Partner. Margot Fonteyn und Rudolf Nurejew waren ein berühmtes Paar, ebenso Antoinette Sibley und Anthony Dowell.

Wann lernt man Pas de deux?

Pas de deux wird meist in Ballett-Tagesschulen unterrichtet, nachdem die Tänzer eine gründliche Ausbildung in allen anderen Teilen der Ballettechnik erhalten haben. Tänzerinnen und Tänzern werden dabei unterschiedliche, aber gleichermaßen

anspruchsvolle Eigenschaften abverlangt. Ein Tänzer muß Kraft haben und die Tänzerin so heben können, daß er weder die Balance verliert, noch sie fallen läßt. Schon früh trainieren die Männer deswegen mit Gewichten. Sie sollen allerdings keine Muskelpakete entwickeln, denn diese würden ihre elegante Linie verderben und sie schwerfällig aussehen lassen.

Die Tänzerinnen müssen leicht und trotzdem kräftig sein, besonders in den Handgelenken für das Greifen. Für den Spitzentanz (siehe gegenüber) benötigen sie starke Beine und Füße. Zur Vorbereitung des Pas de deux machen die Tänzerinnen hauptsächlich Balanceübungen. Der Tänzer macht einfache Hebeübungen mit der Partnerin, bevor er sich an Hebefiguren und Drehungen heranwagt.

Entwicklung des Pas de deux

Der romantische Pas de deux wirkt sanft und verträumt.

Der Pas de deux des klassischen Balletts ist vitaler; die Tänzerin zieht das Bein höher.

Im modernen Ballett nehmen die Partner (wie hier) oft ganz besondere Posen ein.

Im romantischen Ballett des 19. Jahrhunderts spielte die Ballerina eine weit bedeutendere Rolle als der Tänzer. Die Männer wurden Porteurs (Träger) genannt, weil sie die Ballerina umhertragen mußten. Die Hebefiguren waren einfach, die Tänzerin wurde meistens von hinten hochgehoben.

Im klassischen Ballett sind die Pas de deux spektakulärer gestaltet. Durch den russischen Einfluß sind die Hebefiguren heute schwieriger und gewagter. Die Partner haben gleichwertige Rollen, doch der Tänzer übernimmt noch immer die Funktion der Stütze.

In vielen modernen Balletten ist der Pas de deux athletisch und sogar akrobatisch.

Spitzentanz

Spitzentanzschuhe

Die Bänder helfen die Knöchel stützen.

Die Tänzerin selbst näht das Band an der für ihren Fuß passendden Stelle an.

Die erste Ballerina, die auf den Spitzen (en pointe) tanzte, war Marie Taglioni im romantischen Ballett »La Sylphide« (1832). Sie wollte dadurch schwerelos wie eine schwebende Fee wirken.

Bevor Knöchel und Füße kräftig genug sind, solltest du auf keinen Fall Spitzentanz machen. Die meisten Mädchen haben erst mit zwölf genügend Kraft dazu. Auch ist fachkundige Anleitung unerläßlich.

Männer tanzen ganz selten auf Spitze; ein Beispiel ist Zettel in Frederick Ashtons Ballett »Der Traum«. Er wird in einen Esel verzaubert und tanzt en pointe, um das Gehen des Tieres auf Hufen darzustellen.

Für den Spitzentanz brauchst du spezielle Satin-Slipper mit verstärkter Spitze. Die Spitze wird mit einer Klebmasse getränkt und im Ofen gehärtet. Spitzenschuhe sind sehr teuer, da sie handgearbeitet sind. Ihre Herstellung ist ein Berufsgeheimnis, das jeder Hersteller eifrig hütet.

Eine Ballerina bei einer Balett-Truppe verbraucht etwa zehn Paar Spitzenschuhe pro Monat. Sie sind dann zwar noch nicht aufgetragen, doch wird die Klebmasse weich, so daß der Schuh keinen Halt mehr bietet.

Während der Vorstellung wechselt eine Ballerina zwischen den Szenen oft die Schuhe. Sie benutzt im allgemeinen weichere für den Pas de deux und härtere für Pirouetten und Hüpfer.

Spitzen-Technik

Beim Spitzentanz werden die Füße entlastet, indem man die Knie durchstreckt und die Beine von den Hüften her fest anspannt. Der Schwerpunkt sollte durch Bein und Fuß verlaufen. Die Übungen unten, Relevés genannt, kräftigen Füße, Knöchel und Beine zur Vorbereitung der Arbeit auf Spitze.

Relevés

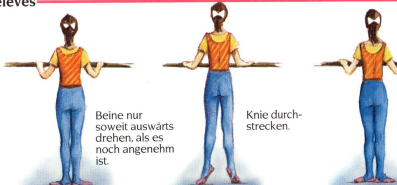

Beine nur soweit auswärts drehen, als es noch angenehm ist.

Knie durchstrecken.

Gesicht zur Stange; beide Hände ruhen leicht darauf; Füße und Beine von der Hüfte her auswärts drehen und Knie strecken.

Sich auf die Fußballen erheben, diese auf den Boden drücken. Dabei mußt du mit allen Zehen den Boden spüren.

Dann ganz langsam die Fersen auf den Boden senken; Beine bleiben gerade und durchgestreckt.

Probleme beim Spitzentanz

Beim Spitzentanz lastet ein so großer Druck auf den Zehen, daß es schmerzt. Anfangs wirst du Blasen oder blutende Zehen haben. Erfahrene Tänzerinnen spüren jedoch meist nur noch etwas, wenn sie stehen. Allerdings leiden viele Ballerinen unter Entzündungen der Fußballen, weil sich durch den Druck das Grundgelenk des großen Zehs verschiebt.

Berühmte Choreographen

Auf dieser Doppelseite erfährst du einiges über berühmte Choreographen und was sie bei ihrer Arbeit beeinflußt hat. Die Handlung einiger Ballette findest du auf Seite 42 bis 43.

Man teilt die Choreographen grob in die vier Hauptrichtungen ein: romantische, klassische, für die Diaghilew-Kompanie tätige und moderne ein. Diaghilew war für die Entwicklung des modernen Balletts wegweisend.

Romantische Choreographen

Das romantische Empfinden beeinflußte Musik, Kunst und Literatur in der ersten Hälfte des 19. Jahrhunderts. Die Menschen flüchteten vor dem niederdrückenden Grau der aufkommenden industriellen Revolution in eine Phantasiewelt mit Schlössern, Geistern und übernatürlichen Erscheinungen. Dies spiegeln die während dieser Epoche geschaffenen Ballette wider.

Szene aus »La Sylphide«

Im Mittelpunkt des Geschehens stand die Ballerina, deren zartes, passives Wesen in einer von Männern beherrschten Gesellschaft idealisiert wurde.

Zwar war damals Paris Zentrum der Ballettwelt, doch die berühmtesten Choreographen waren der Italiener Filippo Taglioni und der dänische Ballettmeister August Bournonville, der spätere Direktor des Königlich Dänischen Balletts.

In Paris schuf Taglioni das Ballett »La Sylphide« für seine Tochter Marie. Sie verkörperte die feenhafte, romantische Ballerina. 1836 kreierte Bournonville seine Version von »La Sylphide« für seine Meisterschülerin Lucile Grahn.

Marie Taglioni

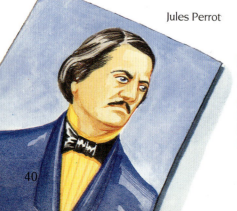

Jules Perrot

Jules Perrot war ein bedeutender Tänzer und Choreograph der Romantik. Von ihm stammt das Ballett »Giselle«.

Klassische Choreographen

Angefangen mit Jules Perrot (1840) gingen mehrere französische Choreographen nach Rußland, um mit dem Kaiserlich Russischen Ballett in St. Petersburg (heute Leningrad) zu arbeiten. Die vom Zar unterhaltene Kompanie engagierte auch einen Komponisten für die Musik.

Die Ballette dieser Zeit spiegeln die Extravaganz am kaiserlichen Hof wider. Die Aufführungen sollten vor allem brillante Technik zur Schau stellen, und daher wirkten die Tänzerinnen nicht leicht und entrückt, sondern virtuos und auf das Publikum ausgerichtet.

Petipa

Iwanow

Perrots erster Nachfolger war Arthur Saint-Léon, der das Ballett »Coppélia« zur Musik von Léo Delibes schrieb. Dann folgte der berühmteste klassische Choreograph, Marius Petipa. Mit Lew Iwanow und dem Komponisten Peter Tschaikowsky schuf er »Dornröschen« (1890), »Der Nußknacker« (1892) und »Schwanensee« (1895).

Tschaikowsky

Figur aus »Der Nußknacker«

Die klassischen Ballette haben drei oder vier Akte, wirkungsvolle Einlagen für das Corps de ballet und spektakuläre Pas de deux. Auf einen Pas de deux folgen oft Soli einer Tänzerin und eines Tänzers, die dabei vor allem ihr technisches Können zeigen sollen.

Diaghilews Choreographen

Anna Pawlowa

Petipas Nachfolger war Michail Fokine. Er brachte ganz neue Ideen als Tänzer, vor allem aber als Choreograph. Er schuf Einakter und wertete die Rolle der Tänzer auf. Eine seiner ersten Leistungen war das Solo »Der sterbende Schwan« für Anna Pawlowa im Jahre 1905.

Fokine arbeitete mit Diaghilew zusammen, der die Begabung von Tänzern, Choreographen, Kompanien und Bühnenbildnern brillant zu fördern und koordinieren wußte. Diaghilews Kompanie reiste zwischen 1909 und 1919 durch ganz Europa. Sie gab der Ballettszene überall neue Impulse und zog neue Talente an.

Diaghilew besaß ein umfassendes Verständnis für Kunst. Ihm waren Tanz, Musik und Bühnenbild gleichermaßen wichtig. Unter seiner Leitung schuf Fokine mit dem Komponisten Igor Strawinsky und dem Bühnenbildner Alexander Benois das Ballett »Petruschka« (1911).

Figur aus »Petruschka«

Die großen Veränderungen nach 1910 — der Erste Weltkrieg, mehr Freiheit für die Frauen, Aufkommen des Jazz sowie die Zunahme von Sport- und Reisemöglichkeiten — finden sich in den unter Diaghilew entstandenen bahnbrechenden Balletten wieder. Das Neue, geradezu Revolutionäre ist etwa in einem Ballett wie »Der Nachmittag eines Fauns« zu sehen, das Diaghilews Schützling Wazlaw Nijinsky nach der Musik von Claude Debussy schuf. Seine Darstellung warf alle Regeln der Auswärtsdrehung und der klassischen Präsentation des Körpers über den Haufen.

Moderne Choreographen

Nach Diaghilews Tod 1929 verstreuten sich die Mitglieder seiner Kompanie über ganz Europa, Rußland und Amerika. Einer von Diaghilews Stars, George Balanchine, baute in den USA das New York City Ballett auf. Dort schuf er den klassischen amerikanischen Ballettstil, und seine Werke werden noch heute überall auf der Welt aufgeführt.

Serge Lifar, Diaghilews letzter männlicher Star, wurde Direktor des Balletts der Pariser Oper, für die er zahlreiche Werke schuf. Leonid Massiné machte als Tänzer und Choreograph weltweit gleichermaßen Karriere.

In Großbritannien gründeten Marie Rambert und Ninette de Valois je eine eigene Kompanie. Aus diesen entstanden später das Royal Ballett und das Sadler's Wells Royal Ballett. Ninette de Valois förderte junge Choreographen wie Kenneth MacMillan und John Cranko (siehe unten). Zu Marie Ramberts Entdeckungen gehört der überragende Ballettschöpfer Frederick Ashton, der im klassischen Bereich ebenso zu Hause war wie in den neuen Strömungen.

Szene aus »La Fille mal gardée«

Ein überragender Choreograph ist der Franzose Maurice Béjart, der vor allem für das Brüsseler Ballett des 20. Jahrhunderts arbeitet und immer wieder von neuem überrascht. John Cranko hat dem Württembergischen Staatstheater Stuttgart wieder zum Anschluß an die internationale Ballettszene verholfen.

Ballett heute

Das klassische Ballett entwickelt sich weiter auch unter jüngeren Choreographen, die immer wieder versuchen, die klassische Tradition mit neuen Impulsen zu beleben.

Der dänische Ballettstar Peter Schaufuss, heute Direktor des London Festival Ballet, führt neue Werke auf und leitet Neuinszenierungen alter Balletts.

Der eigenwillige Amerikaner Glen Tetley macht spektakuläre Balletts als Kombination von klassischem Ballett und modernem Tanz.

In der Bundesrepublik Deutschland hat das Ballett nach John Cranko, dessen Erbe Marcia Haydée weiterführt, durch John Neumeier in Frankfurt und an der Hamburger Staatsoper eine Fortsetzung gefunden. Auch machte sich Pina Bausch in Wuppertal einen Namen mit modernem Tanztheater.

Bedeutende Ballette

Hier werden einige romantische, klassische und moderne sowie Diaghilew-Ballette beschrieben. Letztere stehen zeitlich zwischen klassischem und modernem Ballett.

Romantische Ballette

La Sylphide (1832)
Choreographie: Filippo Taglioni
Musik: Jean Schneitzhoeffger

James träumt am Vorabend seiner Vermählung mit Effi von der Sylphide, einer Feengestalt. Diese gesteht ihm unter Tränen ihre Liebe und bringt Effis Ring an sich. Auf Rat einer Hexe schlingt James einen Schleier um sie, damit sie nicht entweichen kann. Da fallen ihre Flügel ab, und sie stirbt. James bricht zusammen, denn inzwischen hat sein Freund Gurn Effi geheiratet.

Giselle (1841)
Choreographie: Coralli/Perrot
Musik: Adolphe Adam

Giselle liebt Lois, den sie für einen armen Mann vom Lande hält. Er aber ist Graf Albrecht und hat schon eine Braut. Giselles Verlobter Hilarion versucht sie zu warnen und verrät Albrechts Geheimnis. Giselle bringt sich um und schließt sich den Wilis (Geistern von Mädchen, die vor der Hochzeitsnacht gestorben sind und sich an den Männern rächen wollen) an. Sie töten Hilarion, während Albrecht dem gleichen Schicksal knapp entkommt.

Klassische Ballette

Coppélia (1870)
Choreographie: Arthur Saint-Léon u.a.
Musik: Léo Delibes

Dr. Coppélius fertigt die Puppe Coppélia an, und Swanhildas Verlobter Franz verliebt sich in sie. Dr. Coppélius versucht sie durch Zauber zum Leben zu erwecken. Swanhilda gibt sich als Coppélia aus, doch Franz erkennt sie, und sie sind wieder vereint.

Der Nußknacker (1892)
Choreographie: Lew Iwanow
Musik: Peter Tschaikowsky

Klara bekommt zu Weihnachten einen Nußknacker. Über Nacht werden all ihre Geschenke lebendig. Klara rettet den Nußknacker in einem Kampf zwischen Spielzeugsoldaten und etlichen Mäusen. Er nimmt sie mit ins Königreich der Süßigkeiten.

Dornröschen (1890)
Choreographie: Marius Petipa
Musik: Peter Tschaikowsky

Weil sie nicht zur Taufe der Prinzessin Aurora eingeladen wurde, prophezeit die böse Fee Carabosse aus Rache, daß Aurora sich an ihrem 16. Geburtstag in den Finger stechen und sterben werde. Die Fliederfee wandelt den Zauber ab: Aurora werde 100 Jahre schlafen und vom Kuß eines Prinzen erweckt. So geschieht es, und Prinz und Prinzessin feiern Hochzeit.

Schwanensee (1895)
Choreographie: Petipa/Iwanow
Musik: Peter Tschaikowsky

Auf der Jagd sieht Prinz Siegfried, wie sich ein Schwan in eine junge Frau verwandelt. Es ist Odette, die der böse Zauberer Rotbart in einen Schwan verwandelt hat. Der Zauber ist nur durch die Liebe eines Mannes zu brechen. Rotbart stellt seine Tochter Odile als Odette vor. Siegfried gelobt, sie zu lieben, bemerkt aber seinen Irrtum, als Odette ihm erscheint. Rotbart entfacht einen Sturm auf dem See, Odette bringt sich um. Siegfried folgt ihr in den See, und der Zauber ist gebrochen.

Diaghilew-Ballette

Der sterbende Schwan (1905)
Choreographie: Michail Fokine
Musik: Camille Saint-Saëns

Ein Solo-Tanz, der einen Schwan angesichts seines bevorstehenden Todes darstellt. Er wurde für die Primaballerina Anna Pawlowa geschaffen.

Feuervogel (1910)
Choreographie: Michail Fokine
Musik: Igor Strawinsky

Prinz Iwan fängt einen Feuervogel. Als er ihn freiläßt, gibt ihm dieser eine Wunderfeder. Später rettet er Prinzessinnen, die der böse Köstscheis und seine Ungeheuer gefangen halten. Iwan heiratet die edle Prinzessin Zarewna.

Petruschka (1911)
Choreographie: Michail Fokine
Musik: Igor Strawinsky

Ein alter Zauberer läßt seine drei Puppen durch Flötenspiel lebendig werden. Das Publikum ist entsetzt, als die Puppe Petruschka im Kampf mit dem Mohren um die Ballerina getötet wird. Der alte Zauberer erinnert daran, daß Petruschka nur eine Puppe sei. Da erscheint Petruschkas Geist und macht ihm eine Nase.

Moderne Ballette

Der Geist der Rose (1911)
Choreographie: Michail Fokine
Musik: Carl Maria von Weber

Ein Mädchen küßt die Rose, die sie getragen hat. Diese fällt, als sie einschläft, auf den Boden, und ihr Geist erscheint durch das Fenster. Sie tanzen zusammen. Am Morgen fragt sich das Mädchen, ob alles wirklich nur ein Traum war.

Die Sylphen

Les Sylphides (1908)
Choreographie: Wazlaw Nijinsky
Musik: Claude Debussy

Dieses Ballett hat keine eigentliche Handlung. Ein junger Mann tanzt mit den Geistern junger Frauen (Sylphen).

Der Nachmittag eines Fauns (1912)
Choreographie: Wazlaw Nijinsky
Musik: Claude Debussy

Ein einsamer Faun liegt an einem Weiher. Er verjagt alle Nymphen bis auf eine. Sie flieht, als er zu aufdringlich wird, schleicht aber zurück, um ihren Schleier zu holen. Als sie sieht, wie der Faun den Schleier liebkost, läßt sie ihm seine Trophäe.

Le Sarce du Printemps (1913)
Choreographie: Wazlaw Nijinsky
Musik: Igor Strawinsky

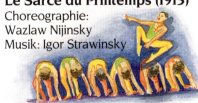

Dieses Ballett gipfelt in einem Ritus zur Feier des Frühlings. Nach ausgiebigen Zeremonien muß ein Mädchen so lange tanzen, bis sie vor Erschöpfung stirbt.

Stars and Stripes (1958)
Choreographie: George Balanchine
Musik: J. Philip Sousa

Das Ballett beschwört den Geist der USA mit Paraden von Tambour-Majorinnen und militärischem Schmiß.

Der verlorene Sohn (1929)
Choreographie: George Balanchine
Musik: Serge Prokofiew

Das Ballett bezieht sich auf das biblische Gleichnis. Ein Sohn verläßt seine Eltern und schließt sich Säufern an, die ihn ausrauben. Er fürchtet, sein Vater werde ihm nicht verzeihen, doch er wird bei seiner Rückkehr freudig aufgenommen.

The Rake's Progress (1935)
Choreographie: Ninette de Valois
Musik: Gavin Gordon

Der Wüstling, um dessen Leben es hier geht, verschleudert ein ererbtes Vermögen und endet im Gefängnis und Irrenhaus. Das Ballett bezieht sich auf Bilder des englischen Malers William Hogarth.

Aschenbrödel (1945)
Choreographie: Frederick Ashton u.a.
Musik: Serge Prokofiew

Während die Stiefschwestern zum Ball gehen, muß Aschenbrödel zu Hause bleiben. Die Patin verwandelt ihre Lumpen in ein Ballkleid und zierliche Schuhe, warnt sie aber, über Mitternacht hinaus zu bleiben. Auf dem Ball verliebt sich der Prinz in Aschenbrödel. Als sie um Mitternacht davonläuft, verliert sie einen Schuh. Der Prinz findet sie nach langer Suche.

Der Traum (1964)
Choreographie: Frederick Ashton
Musik: Felix Mendelssohn-Bartholdy

»Der Traum« ist ein Einakter über Shakespeares Stück »Ein Sommernachtstraum«. Im Mittelpunkt stehen ein Streit zwischen Titania und Oberon um einen indischen Jungen und die Liebe von Helena, Hermia, Demetrius und Lysander.

Hühnerhofszene aus »La Fille mal gardée«

La Fille mal gardée (1789)
Choreographie: Frederick Ashton (1960) u.a.
Musik: Hérold, bearb. Lanchbery

Liese liebt den jungen Bauern Colas. Ihre Mutter, die Witwe Simone, will sie mit Alain, dem einfältigen Sohn eines reichen Bauern, vermählen. Nach vielen lustigen Abenteuern werden Liese und Colas ein Paar.

Romeo und Julia (1938)
Choreographie: Ashton, MacMillan u.a.
Musik: Serge Prokofiew

Dem Ballett liegt Shakespeares Drama zugrunde. Romeo und Julia verlieben sich und heiraten heimlich, obwohl Julia mit Paris verlobt ist. Romeo wird nach einem Kampf verbannt. Julia nimmt einen Schlaftrunk, der sie wie tot erscheinen läßt. Romeo bringt sich um. Als Julia erwacht, nimmt sie sich auch das Leben.

Manon
Choreographie: Kenneth MacMillan
Musik: Jules Massenet

Manon Lescaut verkommt in der Pariser Gesellschaft. Der Ritter des Grieux verliebt sich in sie, doch Manon wird in die Sümpfe von Lousiana verschleppt.

Berühmte Tänzerinnen und Tänzer

Hier werden einige berühmte Tänzerinnen und Tänzer von gestern und heute vorgestellt.

Barischnikow, Michail (geb. 1948)

Er wurde in Rußland geboren und war einer der besten Solisten des Kirow-Balletts, bevor er in den Westen übersiedelte. 1975 debütierte er mit dem Royal Ballet und wurde 1980 Direktor des American Ballet Theater. Er hat sich auch als Choreograph einen Namen gemacht. Sein Repertoire umfaßt moderne und klassische Ballette sowie Ballettfilme.

Collier, Lesley (geb. 1947)

Sie stammt aus England und begann mit zwei Jahren zu tanzen. Sie besuchte die Royal Ballet School und trat 1965 in die Kompanie ein. Sie hat in allen großen klassischen Balletten Rollen getanzt. 1980 schuf Ashton »Die Rhapsodie« für sie und Barischnikow.

Dolin, Anton (1904-1983)

Diaghilew entdeckte diesen englischen Tänzer, als er 17 war. Dolin trat daraufhin beim Ballet Russe in »Dornröschen« auf. 1928 begann die tänzerische Partnerschaft mit Alicia Markowa, mit der er 1935 die Ballettkompanie Markowa-Dolin gründete. Später wandte er sich verstärkt der Choreographie und Regie zu, trat aber immer noch als Solist auf und schrieb auch zahlreiche Bücher.

Dowell, Anthony (geb. 1943)

Der in London geborene Anthony Dowell wurde an der Royal Ballet School ausgebildet und schloß sich der Kompanie 1962 an. Bei der Premiere von »Der Traum« 1964 tanzte er den Oberon. Damals begann seine Partnerschaft mit Antoinette Sibley. Er gilt als einer der besten

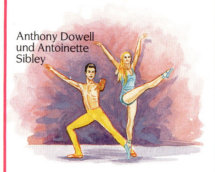

Anthony Dowell und Antoinette Sibley

Prinzentänzer. Seit 1986 ist er Direktor des Royal Ballet.

Evdokimova, Eva (geb. 1948)

Sie ist Amerikanerin und wurde in Genf geboren, erhielt ihre Ausbildung unter anderem in München und ging nach Engagements in Dänemark, London und Rußland als Solotänzerin und später Primaballerina an die Deutsche Oper Berlin. Heute begeistert sie das Publikum auch in Gastspielen auf der ganzen Welt.

Fonteyn, Margot (geb. 1919)

Margot Fonteyn wurde an der Sadler's Wells Ballet School in London ausgebildet, wo sie mit 16 zur Solistin avancierte. Sie hatte zwei lang anhaltende, berühmte Partnerschaften, zuerst mit Michael Somes und dann mit Rudolf Nurejew, nachdem dieser Rußland verlassen hatte. Ashton schuf viele Werke eigens für sie.

Haydée, Marcia (geb. 1939)

In Brasilien geboren und ausgebildet, ging sie nach London und kam 1961 nach Stuttgart, wo sie 1962 Crankos Primaballerina wurde. Sie ist ebenso gut in klassischen Rollen wie in modernen Werken. Heute ist sie Direktorin des Stuttgarter Balletts.

Keil, Birgit (geb. 1944)

Sie gehört zu den profiliertesten Solistinnen des Stuttgarter Balletts, an dessen Ballettschule sie ausgebildet wurde und zu dem sie nach Weiterführung ihrer Ausbildung in London zurückkehrte.

Makarowa, Natalia (geb. 1940)

Natalia Makarowa ist Russin. Sie wurde am Leningrader Ballett ausgebildet und schloß sich 1959 dem Kirow-Ballett an. Bei einer Vorstellung in London 1970 verließ sie das Kirow-Ballett und ging zum American Ballet Theater. Da sie sehr zerbrechlich wirkt, passen Rollen wie die Giselle besonders gut zu ihr. Sie tanzt aber auch in Musicals.

Alicia Markowa

Markowa, Alicia (geb. 1910)

Mit 14 Jahren trat sie Diaghilews Ballet Russe bei. Sie war Sadler's Wells erste Primaballerina und über lange Zeit das Vorbild für die Rolle der Giselle. Ihr (und Dolin) ist die Gründung des späteren London Festival Ballet zu verdanken.

Mitchell, Arthur (geb. 1934)

Arthur Mitchell besuchte Balanchines School of American Ballet. Für einen Farbigen war das ungewöhnlich, denn zu jener Zeit gab es keine Schwarzen im klassischen Ballett. Später trat er in das New York City Ballet ein. Als Antwort auf den Mord am schwarzen Bürgerrechtler Martin Luther King gründete er 1969 eine Kompanie für Schwarze, das Harlem Dance Theatre. Sie ist heute international erfolgreich und tritt auf der ganzen Welt auf.

Nijinsky, Wazlaw (1890-1950)

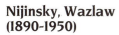

Seine spektakuläre Karriere dauerte nur kurze Zeit. Als Schützling Diaghilews kam er zum Ballet Russe. Er wurde als tänzerisches Weltwunder gefeiert. Seine berühmteste Rolle war der Geist der Rose. Er trat auch als Choreograph hervor (»Der Nachmittag eines Fauns«, 1912; »Le Sacre du Printemps«, 1913).

Nurejew, Rudolf (geb. 1938)

Erst mit 17 Jahren begann Rudolf Nurejew seine tänzerische Ausbildung, doch schon nach drei Jahren trat er beim Kirow-Ballett auf, das er bei einem Aufenthalt in Paris 1961 verließ. Ein Jahr darauf hatte er ein spektakuläres Debut beim Royal Ballet in »Giselle«. Damals begann seine legendäre Partnerschaft mit Margot Fonteyn. Heute ist er Direktor der Pariser Oper, und immer noch gibt er Gastspiele auf der ganzen Welt.

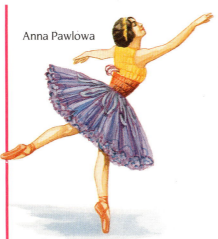

Anna Pawlowa

Pawlowa, Anna (1882-1931)

Anna Pawlowa besuchte die kaiserliche Ballettschule in St. Petersburg und tanzte alle Hauptrollen in Petipas Balletten im Maryinsky-Theater. Später tanzte sie im Ballet Russe von Diaghilew und gründete ihre eigene Kompanie. Sie war schon zu Lebzeiten eine Tanzlegende. Wohl am bekanntesten war ihr Solo »Der sterbende Schwan«.

Schaufuss, Peter (geb. 1949)

Peter Schaufuss, der Sohn eines dänischen Tänzers, erhielt seine Ausbildung an der Dänischen Ballettschule. Später tanzte er im kanadischen Nationalballett, im London Festival Ballet, dem Kirow- und Bolschoi-Ballett, dem New York City Ballet und anderen. Heute ist er ein gefeierter Künstler, Produzent und Choreograph in Kompanien auf der ganzen Welt. Er ist ständiger Direktor des London Festival Ballet.

Seymour, Lynn (geb. 1939)

Die in Kanada geborene Lynn Seymour erhielt ihre Ausbildung an der Royal Ballet School in London. 1957 schloß sie sich der Royal Ballet Company an, ging 1966 zum Ballett der Deutschen Oper Berlin und 1970 wieder zum Royal Ballet. Ihre tänzerische Ausstrahlung regte MacMillan zu mehreren Rollen für sie an. Sie gastierte bei zahlreichen Kompanien und war bei ihrem Rücktritt als Tänzerin Direktorin des Münchener Balletts.

Sibley, Antoinette (geb. 1939)

Die britische Tänzerin wurde an der Royal Ballet School ausgebildet und ist Mitglied der Royal Ballet Company. Sie ist besonders berühmt für ihre stilistisch und musikalisch hervorragende Rollengestaltung. Ihre berühmte Partnerschaft mit Anthony Dowell begann 1964.

Sleep, Wayne (geb. 1948)

Wayne Sleep wurde an der Royal Ballet School ausgebildet und trat der Kompanie 1966 bei. Er ist kleingewachsen und eignete sich gut für Rollen wie den Puck in »Der Traum«.

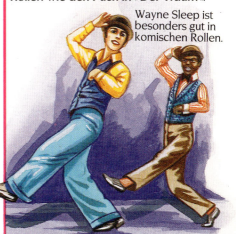

Wayne Sleep ist besonders gut in komischen Rollen.

Auch hat er eine der beiden bösen Mäuse im Film »The Tales of Beatrix Potter« gespielt. Inzwischen ist er sehr erfolgreich im Musical. Er hat eine eigene Kompanie und tritt erfolgreich in Fernsehserien auf.

Taglioni, Marie (1804-1884)

Sie war die erste Tänzerin, die auf der Spitze tanzte. Ihre Ausbildung erhielt sie hauptsächlich durch ihren Vater Filippo Taglioni. Sie tanzte die Titelrolle in »La Sylphide«, das als erstes romantisches Ballett gilt.

Wigman, Mary (1886-1973)

Sie war eine der Pionierinnen des modernen Ausdruckstanzes und gründete 1920 eine eigene Schule in Dresden. Ihre Tourneen führten sie schließlich über Deutschland hinaus bis nach Amerika. Sie wandte sich gegen die strengen Regeln des klassischen Tanzes ebenso wie gegen die Unterwerfung unter die Musik.

Kleines Ballett-Lexikon

A la quatrième derrière: In 4. Position nach hinten (eine der acht Positionen des Körpers im klassischen Ballett), S. 30.

A la quatrième devant: In 4. Position nach vorn (eine der acht Positionen des Körpers im klassischen Ballett), S. 30.

A la seconde: In 2. Position (eine der acht Positionen des Körpers im klassischen Ballett), S. 30.

Adagio: Langsame, verhaltene Bewegungen, S. 31, 33.

Administrativer Direktor: Er oder sie ist für die Verwaltung der Ballettkompanie verantwortlich, S. 15.

Allegro: Italienischer Begriff aus der Musik; bedeutet leicht, fröhlich. Im Ballett sind Allegro-Schritte schnelle Schritte, S. 9, 30, 33, 34-35.

Arabesque: Grundhaltung, in der man auf einem Bein balanciert und das andere nach hinten streckt, S. 7, 11, 30, 31.

Assemblé: Sprungschritt, bei dem man im Sprung die Beine spreizt und sie vor der Landung wieder zusammenführt, S. 35, 37.

Attitude: Position, bei der man auf einem Bein steht, und das andere mit gebogenem Knie nach hinten erhebt, S. 31, 33.

Aufwärmen: Einfache Übungen zu Beginn des Unterrichts zur Lockerung und Dehnung der Muskeln für anspruchsvollere Übungen, S. 9

Auswärtsdrehung: Prinzip des klassischen Balletts; die Beine werden von den Hüften her auswärts gedreht.

Ballerina: Eine Tänzerin, die Koryphäe (Vortänzerin) oder Solistin ist, S. 14.

Ballettdirektor: Er oder sie ist für alle wichtigen künstlerischen Entscheidungen einer Ballettkompanie verantwortlich, S. 15.

Ballettmeister: Er oder sie studiert die Ballette ein und übt mit dem Corps de ballet, S. 15, 23.

Ballett-Pantomime: Eine Reihe von festgelegten Gesten, die eine Geschichte erzählen helfen, S. 3, 20, 21.

Barre: Stange, die an der Wand des Ballettstudios entlangläuft. Beim Üben hält man sich leicht daran fest, um die Balance halten zu können, S. 8, 9 usw.

Battement frappé: Übung, bei der man die Ferse abwechselnd vor und hinter den Knöchel des Standbeines stellt, wobei das Bein dazwischen seitwärts gestreckt wird, S. 29.

Battement glissé: Übung, bei der man den Fuß nach vorn, rückwärts oder zur Seite über den Boden führt und dann hebt, S. 26-27.

Battement tendu: Übung, bei der man den Fuß gestreckt nach vorn, zur Seite, nach hinten und wieder zur Seite führt (en croix), S. 26-27.

Benesh-Notation: Tanzschrift, die von Rudolf und Joan Benesh entwickelt wurde, S. 12-13.

Bewegungsarten des Tanzes: Sieben Arten von Tanzbewegungen, die auf natürlichen Körperbewegungen beruhen, S. 6, 7.

Bourrées: Folge von kleinen Schritten, wodurch der Eindruck des Gleitens über den Boden entsteht, S. 20.

Cecchetti-System: Eine der Techniken des klassischen Balletts, in der unterrichtet wird, S. 7, 26, 27.

Changement: Sprung, bei dem man in der Luft die Stellung der Beine wechselt, S. 34, 36, 37.

Changement battu: Changement, bei dem die Beine vor der Landung zusammengeschlagen werden, S. 34.

Choreograph: Als »Autor« entwirft er oder sie ein Ballett und legt die Schritte für die Tänzer zu einer bestimmten Musik fest, S. 3, 10-11, 15, 40-41, 42-43, 44, 45.

Choreologe: Er oder sie schreibt die Tanzschritte mit Hilfe einer Notation auf, S. 12, 13, 15.

Corps de ballet: Gruppe von Tänzerinnen und Tänzern in einem Ballett, die meist alle die gleichen Schritte ausführen, S. 14-15, 20, 22, 40.

Coupe jeté en tournant: Großer Drehsprung, bei dem sich der Tänzer in einem weiten Kreis um die Bühne bewegt, S. 20.

Croisé derrière: Hinten gekreuzt (eine der acht Positionen des Körpers im klassischen Ballett), S. 30.

Croisé devant: Vorn gekreuzt (eine der acht Positionen des Körpers im klassischen Ballett), S. 30.

Demi-plié: Position mit halb gebeugten Knien, S. 26-27.

Demi-pointe: Halbspitze; man steht auf den Fußballen.

Demi-seconde: Armposition auf halbem Weg zwischen 1. und 2. Position, S. 27.

Développé: Übung, bei der man langsam das Bein hebt und dann entfaltet, S. 28-29, 31.

Effacé: Weggedreht (eine der acht Positionen des Körpers im klassischen Ballett), S. 30.

Elancer: Schnellen (eine der sieben Bewegungsarten des Tanzes), S. 7.

Elevation: Bezeichnet die Fähigkeit, leicht und hoch zu springen, S. 35.

En avant: Nach vorn (eine der acht Positionen des Körpers im klassischen Ballett). Anweisung, den Fuß nach vorn zu stellen.

En bas: Unten; Anweisung, die Arme tief zu halten.

En croix: In Form eines Kreuzes. Die Bezeichnung wird für Übungen benutzt, die nach vorn, zur Seite, nach hinten und wieder zur Seite ausgeführt werden.

En dedans: Einwärts; Bezeichnung für eine Drehung nach innen auf das Standbein zu.

En dehors: Auswärts; Bezeichnung für eine Drehung nach außen vom Standbein weg.

En haut: Hoch; Anweisung, zum Beispiel die Arme über den Kopf zu halten.

En pointe: Auf den Spitzen stehen oder tanzen.

En relevé: Auf den Fußballen.

Enchaînement: Schrittfolge, die eine Tanzsequenz ergibt, S. 24, 36-37.

Ensemble: Zusammen; Gruppenformation in modernen Balletten, S. 12.

Entrechat: Sprung des Tänzers aus dem Demi-plié senkrecht in die Luft, wobei er die Füße vor der Landung mehrmals kreuzt, S. 34.

Epaulé: Über die Schulter (eine der acht Positionen des Körpers im klassischen Ballett, S. 30.

Etendre: Strecken (eine der sieben Bewegungsarten des Tanzens), S. 7.

Exercice: Das französische Wort bedeutet Übung und bezeichnet das tägliche Ballett-Training.

Fischpose: Spektakuläre Pose, bei der der Tänzer die Tänzerin schräg über dem Fußboden schwebend hält, S. 20.

Fixieren: Technik beim Tanzen, damit man bei schnellen Drehungen nicht schwindlig wird, S. 32.

Glissade: Gleitschritt, bei dem der Fuß über den Boden geführt und das Gewicht darauf verlagert wird, S. 7, 32-33.

Glisser: Gleiten (eine der sieben Bewegungsarten des Tanzes), S. 7.

Grand allegro: Hohe, weite Sprungschritte.

Grand battement: Übung, bei der der Fuß gestreckt erhoben wird.

Grand jeté: Sprung durch die Luft mit gestreckten Beinen.

Grand plié: Eine ganze Kniebeuge, S. 26-27.

Halbsolist: Vortänzerin oder Vortänzer des Corps de ballet, auch Tänzer auf dem Weg zum Solisten, S. 14.

Hintergrund: Die große Fläche, die die Bühne nach hinten abschließt und auf die Bühnenbilder gemalt werden, S. 16.

Inspizient: Er oder sie überwacht und koordiniert den Ablauf der Aufführung, also Beleuchtung, Szenenwechsel, Auftritt der Tänzer usw., S. 15.

Klassisch: Bezeichnet die Stilrichtung und Technik des Balletts, außerdem den Ballett-Stil in der zweiten Hälfte des 19. Jahrhunderts, S. 2, 3, 6, 7, 35, 41, 45.

Kolophonium: Harzprodukt; weißer Puder, mit dem die Tänzer ihre Schuhsohlen einreiben, um nicht auszurutschen, S. 8.

Koryphäe: Siehe Halbsolist.

Labanotation: Tanzschrift, die von Rudolf von Laban entwickelt wurde, S. 12.

Modern dance: Moderne Stilrichtung des Tanzes, die weniger regelstreng ist als das klassische Ballett, S. 12, 22, 23, 41.

Notation: Tanzschrift; bestimmte Zeichen, mit deren Hilfe man alle Tanzschritte aufzeichnen kann, S. 3, 10, 12-13.

Orchestergraben: Vertiefung vor der Bühne für das Orchester.

Pas de bourrées: Schrittfolge, bei der das Gewicht verlagert wird; wird meist zu einer bestimmten Musik getanzt, S. 32-33.

Pas de chat: »Katzenschritt«, S. 7, 35, 37.

Pas de deux: Tanz zu zweit, S. 38, 40.

Petit allegro: Kleine Hüpf-und Drehschritte.

Petit battement sur le cou-de-pied: Übung, bei der man abwechselnd die Ferse vor und hinter den Spann des Standbeines schlägt, S. 28, 29.

Pirouette: Drehschritt, bei dem man sich schnell oder langsam auf einem Bein dreht, S. 7, 32, 33, 39.

Plié: Kniebeuge.

Plier: Beugen (eine der sieben Bewegungsarten des Tanzes), S. 7.

Port de bras: Haltung und Bewegung der Arme, S. 9, 30, 31.

Positionen des Körpers: Acht verschiedene Arten, sich dem Publikum zu präsentieren, bei denen stets eine klare Körperlinie zu erkennen ist, S. 30.

Die fünf Positionen: Fünf verschiedene, genau festgelegte Grundstellungen der Füße, bei denen das Gewicht immer auf beiden Füßen liegt, gleich welche Position eingenommen wird, S. 3, 6, 26.

Premier danseur: Erster Tänzer; tanzt in einem Ballett eine Hauptrolle, S. 14-15.

Premiere: Erste Aufführung eines Balletts.

Primaballerina: Erste Tänzerin; tanzt in einem Ballett die Hauptrolle, S. 14-15.

Relevé: Position, bei der man sich auf die Fußballen erhebt, S. 38.

Relever: Erheben (eine der sieben Bewegungsarten des Tanzes), S. 7.

Romantisch: Stilrichtung des Balletts, die während der ebenso genannten Epoche in der ersten Hälfte des 19. Jahrhunderts entstand.

Rondes de jambes à terre: Drehbewegung des Beines auf dem Boden, bei der das Bein mit gestrecktem Fuß einen Halbkreis zieht, S. 28-29.

Sauter: Springen (eine der sieben Bewegungsarten des Tanzes), S. 7.

Schlagen: Schnelle sich öffnende und schließende Bewegungen der gestreckten Beine im Sprung, S. 34, 37.

Schnürboden: Raum über der Bühne, S. 16.

Solist: Tänzer oder Tänzerin, die allein (solo) tanzt, S. 14.

Soutenu: Ein Drehschritt, S. 36.

Spitzenschuhe: Schuhe mit verstärkten Spitzen, die nur für den Spitzentanz getragen werden, S. 5, 39.

Studio: Raum, in dem Ballettunterricht stattfindet.

Temps de poisson: Sprung, bei dem der Tänzer den Körper wie ein Fisch biegt, S. 20.

Tourner: Drehen (eine der sieben Bewegungsarten des Tanzes), S. 7.

Tutu: Ballettkostüm mit eingearbeitetem Mieder und einem kurzen, gebauschten Rock; typisch für das klassische Ballett, S. 18, 19.

Übungen im Raum: Übungen, die im freien Raum des Studios ausgeführt werden, ohne daß man sich an der Barre halten kann, S. 8, 9, 30-31.

Waganowa-Methode: Eine der Techniken des klassischen Balletts, in der unterrichtet wird, S. 7.

Der Verlag möchte folgenden Personen und Einrichtungen für das großzügige Überlassen von Fotos sowie ihre Hilfe danken:
S. 2 (unten links und Mitte): © Anthony Crickmay
S. 2 (unten rechts): © Martha Swope
S. 12 (oben Mitte) und S.13: Benesh Movement Notation © Rudolf Benesh London 1955
S. 18 (unten links): © Roy Round
S. 18 (unten rechts): © Dominic Photography
S. 18 (unten Mitte): © The Cannon Group UK Limited
S. 19 (unten links): © Leslie E. Spatt
S. 20 (oben links): © Camilla Jessel
S. 20 (oben rechts): © Martha Swope
S. 38 (oben, unten rechts und links): © Leslie E. Spatt
S. 38 (Mitte) © Camilla Jessel
S. 43 (oben Mitte): © Leslie E. Spatt
S. 43 (unten Mitte): © Dominic Photography
S. 44 (mitte): © Leslie E. Spatt
S. 45 (rechts): © Roy Round

© 1990 für die deutsche Fassung
ars edition, München
© 1986 Usborne Publishing Ltd., London
Aus dem Englischen von Ulrike und Manfred Halbe-Bauer
Redaktion und Koordination der deutschen Bearbeitung: Brigitta Neumeister-Taroni
Redaktion der Originalausgabe: Helen Davies
Titel der Originalausgabe: »Ballet — an Usborne Guide«
Gestaltung: Chris Scollen
Illustrationen: Ann Savage, Peter Mennim, Chris Lyon, Kathy Wyatt, Cathy Wood
Fachberatung: Kate Castle
Umschlaggestaltung: Atelier Langenfass, Ismaning, unter Verwendung eines Fotos von Hannes Kilian
Alle Rechte vorbehalten
Printed in Great Britain
94 93 92   5 4 3
ISBN 3-7607-4538-5

CIP-Titelaufnahme der Deutschen Bibliothek
Thomas, Annabel:
Das Buch vom Ballett: vom Anfänger zum Könner/ Annabel Thomas. Aus d. Engl. von Ulrike u. Manfred Halbe-Bauer. Ill.: Ann Savage ...
—München: Ars-Ed., 1990
　Einheitssacht.: Ballett <dt.>
　ISBN 3-7607-4538-5

ISBN 3-7607-4519-9   ISBN 3-7607-4520-2   ISBN 3-7607-4535-0   ISBN 3-7607-4521-0   ISBN 3-7607-4536-9

ISBN 3-7607-4557-1   ISBN 3-7607-4558-X   ISBN 3-7607-4559-8   ISBN 3-7607-4560-1   ISBN 3-7607-4561-X

ISBN 3-7607-4500-8   ISBN 3-7607-4501-6   ISBN 3-7607-4502-4   ISBN 3-7607-4503-2

ISBN 3-7607-4563-6   ISBN 3-7607-4575-X   ISBN 3-7607-4609-8   ISBN 3-7607-4610-1